立德向学 扬帆行远

我的立学建校之道

唐莉 著

天津社会科学院出版社

图书在版编目（ＣＩＰ）数据

正德厚学　扬帆行远：我的立学建校之道 / 唐莉著
. -- 天津：天津社会科学院出版社，2021.9
　　ISBN 978-7-5563-0773-9

　　Ⅰ . ①正… Ⅱ . ①唐… Ⅲ . ①小学教育－教育研究－
成果－汇编 Ⅳ . ① G622.0

中国版本图书馆 CIP 数据核字 (2021) 第 210081 号

正德厚学　扬帆行远：我的立学建校之道
ZHENGDE HOUXUE YANGFAN XINGYUAN:WO DE LIXUE JIANXIAO ZHI DAO

出版发行：天津社会科学院出版社
地　　址：天津市南开区迎水道 7 号
邮　　编：300191
电话 / 传真：（022）23360165（总编室）
　　　　　　（022）23075303（发行科）
网　　址：www.tass-tj.org.cn
印　　刷：英格拉姆印刷(固安)有限公司

开　　本：787×1092 毫米　　1/16
印　　张：17.5
字　　数：250 千字
版　　次：2021 年 9 月第 1 版　2021 年 9 月第 1 次印刷
定　　价：68.00 元

前言

　　百年大计，教育为本。教育是人类传承文明和知识、培养年轻一代、创造美好生活的根本途径，是提高人民综合素质、促进人的全面发展的重要途径，是民族振兴、社会进步的重要基石，是对中华民族伟大复兴具有决定性意义的事业。建设教育强国是中华民族伟大复兴的基础工程，必须把教育事业放在优先位置，深化教育改革，加快教育现代化，办好人民满意的教育。

　　教育兴则国家兴，教育强则国家强。毫不夸张地说，教育决定着人类的今天，也决定着人类的未来。一方面，社会需要通过教育不断培养社会需要的人才，需要通过教育来传授已知、更新旧知、开掘新知、探索未知，从而使人们能够更好地认识世界和改造世界、更好地创造人类的美好未来。另一方面，随着经济社会的快速发展，中国正呈现出焕然一新的面孔，与世界的联系愈加紧密。从1949年的"站起来"到改革开放的"富起来"，再到今天的"强起来"，中国真正走到了大国的行列之中。中国现在是全球第二大经济体，在国际社会中正发挥着举足轻重的作用。在这千年未有之大变局下，无疑对教育提出了更高的要求，培养具有国际型人才也就更显更加紧迫与必要。

在这样的时代背景下，一颗新星——天津市天外大附属北辰光华外国语学校于 2019 年冉冉升起。学校是由天津市北辰经济技术开发区、光华教育集团、天津外国语大学三方强强联合打造的一所民办基础教育学校。

学校沿承天津外国语大学附属外国语学校"融中西文化，育国际英才"的办学理念，继续以"开放式"教育为国家培养具有高度民族自信和世界视野的国际型预备人才。此外，天津北辰经济技术开发区、光华教育集团、天津外国语大学的强强联合，小班化、特色化的教育教学方式，将帮助、引领学生手持"外语"这枚"金钥匙"，打开通向世界的大门：开阔的视野、宽广的胸怀、正确的价值观念、友好的交流合作、大胆而独特的见解创意、勇于探索实践的精神……体验学习中的快乐与幸福，是学校寄予每个学子的殷殷期盼。

经过两年的发展，北辰小外呈现出欣欣向荣的景象，学校正向更高的目标前进。学校制度建设、教学体系建设、校园环境建设、校园文化建设等各个方面正有条不紊地稳步推进，获得了社会的支持与赞誉，也收获了家长的信赖与支持。筚路蓝缕，以启山林。新校成立之初，其困苦之多，艰辛几何，不足为外人道。但正是在这样一切从头开始的新局面下，方能彰显学校领导者的魄力。校长唐莉便是这样一位具有远见卓识与超强落实能力的领导者。

唐莉，现任天津市天外大附属北辰光华外国语学校校长。她在教学一线兢兢业业，对教育教学有着深刻的理解与思考；她身居管理层时，能统揽全局，发挥领导作用，这造就了其宽阔的眼界与胸襟；她加强理论学习，博览群书，用理论武装头脑，用不断进取的心态面对实时变化的形式，紧随时代发展；她待人亲切有礼，若春风和煦，对待工作时又雷厉风行，干脆利落，令人叹服。北辰居其所，一苇初航。在教育的长河中，她将承载天津"外语人"半个多世纪的初心和梦想，驶向日月辉映的辽阔远方。

几年的领导工作，令唐莉校长收获颇多，对于教育、对于办学治学的理解也更为深入。面对着丰富的教学素材与心得体会，她萌生了将其结集成书的想法。经过细致的整理与书写，《正德厚学 扬帆行远——我的立学建校之道》一书得以面世。"正德厚学"取自"正德厚学，知行天下"的校训，是唐莉校长对于广大师生的殷切希望，"扬帆行远"则是作为一名领导者，对于学校未来的希冀与祝福。通览全书，其思虑之周全，领导之睿智，无不令人叹服。

本书的编辑出版，更是唐莉校长的心愿。在教育领域深耕多年，她渴望以书为纽带，连接更多的教育同仁，共同寻找教育的更多可能与机遇。她也深刻意识到，作为一所新建学校，在前行的道路上，势必会遇到各种各样的困难，在实际工作中也会遇到挫折。借由此书，唐莉校长渴望让大家看到一个正在进步的北辰小外，也真诚地希望社会各界人士能够提出宝贵的意见建议，共同助力北辰小外成长。

另外，这本书的出版，也是北辰小外所有人的共同期待。它熔铸了大家的心血，整理素材、书写内容、多次讨论，背后是许多人的付出与努力。可以说，它能够得以付梓问世，离不开各方的支持，在此由衷地向每一位参与其中的朋友表示衷心的感谢，其中特别感谢梁玥、刘春梅、杨晓婷、侯召阳、汤雅雯、谢艾林、李滟泽、姚栋、王晓旭、王首为、孙长策。情长纸短，挂一漏万，书中尚有不够完善之处，也望得到大家的指点，力求其能尽善尽美。

北辰小外的故事仍在书写，每一天都有新的故事在发生。在这样一所欣欣向荣的学校里，每一天都是热情洋溢。它生机勃勃，它昂扬进取，它新生，它充满生命的活力！流水不腐，户枢不蠹，不断进取，不断创新，不断孕育新的希望，不断探索更多可能，紧随时代潮流，培养时代英才，是北辰小外当下、也是未来的承诺。

目录

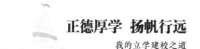

天津外国语大学校长陈法春教授

在北辰小外筹建前夕的赠词

剪朝霞

陈法春

肇启黉宫汗湿巾，

惠班受命拜西宾。

业精振铎千眸炯，

仁笃滋兰九畹春。

培沃土，

四园珍。

梓楠玉树日惟新。

七秋沥血酬滨海，

万里扶摇拱北辰。

绪论　剪朝霞，培沃土，万里扶摇拱北辰
——创办人民满意的优质民办特色外国语学校

教育一直是人民所关心的问题，那应该怎样办好教育？办什么样的教育才能让人民满意？为了更好地回答这个问题，天津市天外大附属北辰光华外国语学校应运而生。

天津市天外大附属北辰光华外国语学校（以下简称"北辰小外"）是由天津市北辰经济技术开发区、光华教育集团、天津外国语大学三方强强联合打造的一所民办基础教育学校。

北辰小外在教育教学过程中落实立德树人的根本任务，继承天津外国语大学附属外国语学校"融中西文化，育国际英才"的办学理念，秉持"正德厚学，知行天下"的校训，树立"慎身弘毅，日月惟新"的校风，"尊道善问，自树树人"的教风和"尚勤敏思，守真致用"的学风，旨在培养德才兼备、外语突出、创新进取、全面发展的，具有中国精神、民族底蕴、世界视野的国际型预备人才。

一、士有百行，以德为先

学校一直秉持"一切为了每个孩子的终身发展"的教学理念，并付诸实践。在校训"正德厚学，知行天下"的引导下，学校坚持以生为本，正德为

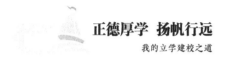
先，同时重视学生知识、技能的学习和能力的养成。学校的德育主要从校园特色活动和班级特色建设两个方面入手。

校园特色活动育人方面，学校采用因时制宜的策略，在不同的时间节点策划不同的德育活动，充分利用资源，力求效益最大化。

不学礼，无以立。在学校的首届开学典礼上，为学生准备了尊师崇礼启蒙教育——"开笔礼"。"开笔礼"仪式包括端正仪态、礼敬师长、朱砂启智、写人描红、诵读经典五个环节，其中蕴含的"热爱祖国、尊师重教、立志求学、感恩父母、善爱他人"等传统美德如春风化雨渗透进学生的心灵。

爱国主义是中华民族美德的核心。2019年，学校在中华人民共和国成立七十周年之际组织开展歌颂祖国活动。学生们将心中的情愫说与祖国，将一首首赞歌献给祖国，并用真挚的祝福为祖国铺开未来的道路。

劳动是产生一切力量、一切幸福的源泉。2020年，疫情防控期间，学校组织学生及其父母一同参加"同心战疫，用爱筑家"主题活动。活动中，学生们为家人做菜、争做卫生清理小能手、填写劳动记录表……经此锻炼，学生的劳动意识和劳动技巧更上了一层楼。

班级特色建设育人方面，学校制定详细的班级建设方案，注重挖掘学生的潜力，提升学生的自信，增强学生的集体意识和班级荣誉感。每班根据班级特色，设置班级别名、班训和班级汉字名片。班级别名的设置增强班级的凝聚力，促进学生主动为班级建设添砖加瓦；班训则指引师生同心同向，共同进步；汉字名片的设置是一次传统文化与现代技术的碰撞，体现"融中西文化，育国际英才"的培养目标。

学校建立了值日班长制度，推动"学生自治"。为每一名学生都提供担任班长的机会，锻炼学生的管理能力，加强学生的主人翁意识。同时，让学生切身感受教师及其他同学在管理班级时的不易，从而做到将心比心，自觉遵守校规校纪、班规班纪。

学校通过一系列行之有效的手段，建设班级特色环境，对学生进行文化熏陶。学校鼓励班级设置绿植角、图书角、英语角、"语文园地""我爱数学"专栏等。绿植角里的植物均由学生自主照料，在养护植物的过程中，学生的劳动能力得以提高，爱护自然、热爱生命的意识得以强化；图书角是知识的乐园，让学生与书为邻，有助于学生养成爱看书、看好书的好习惯；英语角的建设则充分发挥学生的主观能动性和创造性，着力培养学生勤思乐学的优秀品质。

二、特色外语，国际人才

学校致力于打造独具特色的外语教学模式，在明确小学阶段英语课程目标的前提下，以活动促教学，激发学生学习英语的兴趣，为学生创设更多优秀的展示平台和语言环境，寓德育与语言意识培养于最基本的学习生活之中。

为了让学生在学习外语的过程中，乐在其中，乐此不疲，学校组织了一系列精彩纷呈的外语活动，如"小小外语节""中英双语为武汉加油"、自然拼读比赛、字母操展示、英文绘本阅读等。

小小外语节是学校的特色节日，旨在为学生搭建展示自己的舞台，同时从听、说、读、写等方面全面检测学生在英语方面的学习成果，让家长看到孩子的成长，向社会展示学校的外语风采。

"武汉，加油！Wuhan，stay strong！"2020年3月，武汉还未解封，病

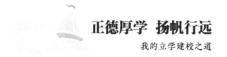
毒尚在肆虐，学校鼓励学生用中英双语为武汉加油。学生们将自己对疫情的关注、对榜样的敬意，以及必胜的信心凝聚成简短的中英双语句子并宣之于口。拳拳赤子之心，殷殷关怀之情，学生们在爱的表达中学习英语，认识世界，拓宽视野，领悟责任与担当。

学校组织自然拼读比赛，旨在激发全校学生的英语学习兴趣，提升学生的拼读能力，帮助学生达到听音能写、见字能读的境界。比赛中，有12名一年级学生能够在40秒内准确、完整地拼读出规定的20个单词，其余一年级学生也基本能在1分钟内拼读出全部单词。

字母操展示活动是一举多得的妙招，该活动将英语融入体育，意在让英语学习"动"起来。"A makes［æ］，B makes［b］…"伴随着轻快的音乐，学生们在英语教师的带领下兴致勃勃地学习和练习字母操，在这一过程中，学生的身体得到了锻炼，对字母的记忆得到了深化。经由学生们的演绎，26个字母如音符般灵动跳跃。

英文绘本阅读活动为学生打开阅读的大门。学校为学生挑选优质且适合的英文绘本，其中贴近生活的题材使学生乐于阅读，色彩明亮的插画、可爱新奇的画风激发学生的好奇心。从阅读到"悦"读，英文绘本阅读活动为学生的英语阅读能力打下坚实的基础。

学校聘请外籍教师为学生创造纯正的语言环境。外教课具体授课内容由学校规定，旨在充分发挥每一名外教的优长，培养学生良好的学习习惯、听说读写的技能和综合语言运用的能力。同时，外教课上配备助教，助教既辅助外教教学，又在学生遇到理解困难时及时帮助解决。任课教师坚持跟听每堂外教课，疑惑处及时与外教沟通，取其精华，不断淬炼自己的授课方式，提高课堂效率。

三、艺体齐飞，砥砺前行

一枝独秀不是春，万紫千红春满园。为了培养德智体美劳全面发展的新时代学生，满足学生个性化的学习需求，充分挖掘每一名学生的潜力，学校从艺术和体育两个维度设计了一系列特色校本课程，并举办相应的艺术节和体育节，为学生搭建展示才华的平台。

（一）"笔墨书香"硬笔书法校本课书写静雅

从最初的坐姿、握姿的规范，到基本笔画、笔顺的认知练习，再到复合笔画与偏旁的书写、结体规律的感知，学校循序渐进地引导学生把字写正确、写规范、写美观。学生在安谧静雅的氛围中提笔写字，感受汉字的优美与深邃，逐渐能够灵活驾驭硬笔，使笔随心到，自由书写心中丘壑。

（二）"热力节奏"拉丁舞校本课诠释青春活力

"挺胸、抬头、收腹、平视前方。"在舞蹈教师的指导下，学生们将体态和神态调整至最佳状态。音乐声起，小舞者们两两配合，踏着节奏，旋转、伸展、跳跃，每一个动作都在传达舞者的魅力，展现自信的风采。

（三）"黏土故事"泥塑校本课展示传统文化与现代艺术的融合

该课程聚焦"泥人张"传统文化，贯彻中西并行的办学特色，以"简单"为设计主旨，以趣味为教学风格，以教育、人文、幸福、创造、童年为主题，指导学生用黏土捏制独家故事，进而锻炼学生的动手能力和创造能力，让学生真切感受到传统文化的魅力和手艺人的匠心。

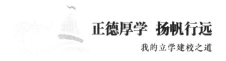
（四）"睿音雅趣"合唱校本课是学生一展歌喉的舞台

音乐素养方面，学生们在课堂上学习合唱的基础知识，了解基本的发声技巧，锻炼音乐记忆能力和理解能力，感受世界各地音乐文化的多样性和丰富性；团体协作方面，学生们通过实践认识到合唱表演的精髓在于每一位成员都齐心协力，相互配合；美育方面，通过聆听和演唱，学生能够获得美的体验，在潜移默化之中提升审美情趣。在学校首届外语节中，合唱团首次亮相演出两首合唱作品，美妙的歌声仿若天籁之音，久久缭绕。

（五）"蒹葭泽艺"美术校本课演绎五彩斑斓

该课程着重培养学生的创新意识、欣赏水平和绘画能力，鼓励学生动手制作美术作品，强调自由表现和大胆创造。绘本活动中，学生用五彩画笔讲述了 *Three little pigs*《神奇的变色龙》等有趣的故事，既锻炼了学生的美术技能，又让学生感受绘本力量。2019 年，学生创作和欣赏的作品达 200 余幅，在国家级、市级、区级美术专题活动中获奖人数达 10 余人次。

（六）"锐志栋梁"体育校本课彰显生命的力量

学校根据学生的身体特点，开设"五步拳"兴趣活动，向学生传授五步拳的基本手法、步法，带领学生了解中华武术的起源和武术精神。此外，学校将民族体育活动引入日常锻炼之中，组织开展跳绳、踢毽、投掷和老鹰捉小鸡四类民间体育项目。

学校在春季学期开展艺术节，培养学生健康的审美情趣。2020 年 4 月，学校举办第一届"星彩少年"线上艺术节活动。艺术节中，学生们用五彩的画笔、美妙的音乐、婀娜的舞姿表达自己对班级名片的理解和对世界防疫的祝愿。一位位"星彩少年"们用真诚打造作品，初绽光芒。最终，该届艺术节 3 人次获得艺术全能奖、15 人次获音乐类奖项、20 人次获美术类奖项。

学校在秋季学期组织体育节，展现学生朝气蓬勃的精神面貌。2019 年 10 月，学校举办第一届秋季运动节，鼓励良性竞争，强调人人参与。运动节共设置了包括广播操比赛在内的 9 个团体或个人项目，让学生在运动中强健体魄，缓解疲劳，在竞争中懂得谦让和尊重，发扬"友谊第一、比赛第二"的体育运动精神。

学校从品德教育、专业技能的学习、特色外语、艺体教育等多个方面齐头并进，意在为国家培养国际型预备人才。北辰小外虽建校不久，但坚持在教育的道路上不断探索前进，努力为孩子打造一个良好的平台，给予孩子一个美好的校园生活与光明的未来。回望昨天，做好今天，展望明天，全体教职工都在为这个诞生不久的"新生儿"的未来而奋斗，为其承载着的教育梦而拼搏。

2019 年 9 月，北辰小外扬帆起航；2020 年 9 月，这所年轻的学校回顾过去，展望未来，又开启了崭新的征程。长风破浪会有时，直挂云帆济沧海。作为校长，我对未来充满了期待：学校将沿承"融中西文化，育国际英才"的办学理念，以开放式的教育为国家培养具有高度文化自信和世界视野的国际型预备人才，办好人民满意的教育。

学校沿承"融中西文化，育国际英才"的办学理念，为国家继续培养"德才兼备，外语突出，全面发展、创新进取"的国际型、复合型预备人才，将"小外"的外语特色和办学经验辐射到天津基础教育更广阔的区域，让更多的老百姓子女享受到"上好学校、找好教师、受好教育"的优质教育资源，继续办好人民满意的学校。

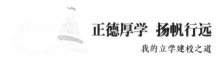

北辰小外虽是"幼儿",但一年来她已展露出"小外"的特点,因为她的身体铸造着"小外"筋骨,流淌着"小外"血脉,有"小外"人不断进取、追求卓越、不怕困难、勇往直前的拼搏精神。正是一代又一代"小外"人对教育的执着和追求,造就了"小外"的生生不息。

第一章

启 航 之 光

——探索学校文化建设

　　学校的发展建设就像一只在大海中航行探索的船队，船队想要扬帆起航必先做好前期准备。而对于北辰小外这只船队来说，其启航前的准备便是学校的文化建设。文化建设是一个学校的精神支柱，是决定一所学校能走多远的重要影响因素。因此，北辰小外将从办学理念的提出、办学目标的确立、学校精神的再塑、"一训三风"的形成和英才教育的精髓五个方面来做好学校的文化建设，让北辰小外这支船队能够顺利启航。

第一节
办学理念的提出

　　科学合理的办学理念能够稳步推进学校朝着更高、更强的水平发展，为广大学生提供更好的学习环境。想办好一个学校必先从办学理念入手，学校的办学理念是引领整个学校发展的方向和旗帜。但办学理念的形成有一个逐步发展和逐渐成熟的过程，作为一个"新生儿"的北辰小外又该有着怎样的办学理念，才能在教育的路上越走越远呢？

　　根据《中华人民共和国民办教育促进法》《中华人民共和国民办教育促进法实施条例》，国家对民办教育的政策是：积极鼓励，大力支持，正确引导，依法管理。民办教育事业已纳入各级人民政府的国民经济和社会发展规划，是属于公益性事业，是社会主义教育事业的组成部分。民办学校与公办学校具有同等的法律地位。国家保障民办学校的办学自主权，保障民办学校的合法权益。所以投资办学符合国家大力提倡的政策导向。

　　北辰小外在贯彻落实党的十九大精神、习近平新时代中国特色社会主义思想、习近平总书记在全国教育工作会议上重要讲话精神的背景下诞生的。贯彻"扎根中国大地办教育"的指导思想，坚持落实立德树人的根本任务，怀拥"着力改善民生，办人民满意的教育"的初心，打造一所集小学、初中、

高中于一体的现代化、国际化、高水平外语特色学校。

国际化人才是指具有国际化意识和胸怀以及国际一流的知识结构，视野和能力达到国际化水准，在全球化竞争中善于把握机遇和争取主动的高层次人才。国际化人才应具备以下七种素质：宽广的国际化视野和强烈的创新意识；熟悉掌握本专业的国际化知识；熟悉掌握国际惯例；较强的跨文化沟通能力；独立的国际活动能力；较强的运用和处理信息的能力；最重要的一点，具备较高的政治思想素质和健康的心理素质，能经受多元文化的冲击，培养既有国际视野又有自身特色的学生。

基于社会发展，针对国际化人才需求不断上升的社会现状，学校的办学理念经过多次论证，最终提炼为"融中西文化，育国际英才"，即以中国文化为根基和核心，培养学生丰厚的民族底蕴；将其他国家民族文化的精髓融入教育教学之中，与培养国际视野、国际型人才的目标相结合，使师生具有和谐、进取、共赢的特质，促进人类的共同发展和共同进步。

为了更好地体现学校的办学理念，学校将其进一步细化为以下几点：

第一，以人为本，推行素质教育。学校在人才培养的过程中坚持融知识、素质和能力为一体的素质教育，牢固树立以人为本的教育观念，改变传统教育观念中的价值观、质量观、人才观，变应试教育为素质教育，接受式教育为启发式教育，专才教育为通才教育。

第二，坚持创新，培养具有国际竞争意识的人才。由于国际环境千变万化，各国都在融入竞争的同时探索适合本国的发展道路，这就要求树立创新和创业的教育理念，要对学生进行以精神和能力为核心的教育，教学活动围绕着精神和能力的培养展开。使培养的人才具有高度的灵活性，视野开阔，认识新颖，学习积极主动，对新情况、新事物的刺激反应敏感，实践能力强，敢于面对挑战，能够把握时机，打破常规，创造性地开展工作。

第三，更新观念，培养具有国际理念的复合型人才。随着教育国际化的深入，应当更新观念，培养具有国际理念的复合型人才。因此，我们树立以下观念：人才培养的全球性观念，即以全球性的眼光审视人才培养的标准、内容、层次和机制，使培养的人才具有国际化的适应能力；人才流动性观念，人才的国际化使得人才的流动更加频繁，这就要求对人才的培养应树立"走出去，请进来"的方针，加强人才的流动，在流动中防止人才的流失；市场观念，人才培养应面向市场，培养国际化人才竞争中短期和长期需求的人才；全球性竞争观念，培养出的人才应该在人才国际化中具有较强的竞争力，能适应国际化发展的需要。

第四，强化师资培训，提高教师和学科的国际竞争力。国际化人才的培养有赖于师资培训的国际化。只有高素质的教师才能培养出一流的国际化人才。这就要求教师具有在国际上较前沿的理论知识和创新成果，并能紧跟时代和世界发展的趋势。

第五，深化改革，进一步加强国际间的交流与合作。国际化人才的培养要求高等教育应主动适应新形势的需要，进一步加强国际间的交流与合作，不断改革课程体系、教学内容和教学方法，培养综合型和开放型人才。培养综合型人才要在人才的知识结构中加强基础理论学习，强调自然、人文、经济和社会知识的融通与综合，要求学生基础扎实、文理渗透、兼容并蓄、专业面宽、适应性强。即在教学内容改革中要改变那种专业分得过多、过细、过窄而淡化基础的现象，按照拓宽基础课，强化实践，淡化专业的要求，设

置宽口径，厚基础的学科体系。

办学理念是"办什么样的学校""怎样办好学校"等问题进行深层次思考的结果，也是全体师生员工在长期的办学实践中经过相互砥砺，持续积淀逐渐形成的教育价值观和教育方法论的思想结晶。在既定的教育理念指导下，我们结合学校的办学历史和发展实际，形成广大师生员工认同的、具有学校特色的先进办学理念，并将办学理念有效地、与时俱进地落实到具体的办学行为中去，让正确的教育理念走进每位教职工和学生的心里。

第二节
办学目标的确立

在确立好了学校的办学理念之后，我们应该思考的下一个问题是学校应是为了什么而存在，朝着什么方向去努力。每个学校都有自己的特殊性，制定真正符合学校实际情况的、能够切实帮助实现办学理念的目标是基本的要求。如何提出有学校特色、合理科学的办学目标，从而纲领性指导学校的教育教学工作和管理体系，是亟待解决的问题。

北辰小外依托天津外国语大学和天津外国语大学附属外国语学校的外语优势，融合光华教育集团国际教育和民办教育的先进经验，实现国际国内教育的强强联合。学校继续秉持"融中西文化，育国际英才"的办学理念，突出外国语学校的办学特色，倾力打造北辰一流、全市知名、全国有影响的高水平、国际化民办基础教育学校。将培养德才兼备、精通外语、创新进取、全面发展的新时代国际型预备人才作为培养目标。培养学生具有中国立场、民族底蕴、世界视野，具备通晓国际规则的素质和直接参与国际合作与竞争的基本能力。

基于此，学校进一步确立了学生的培养目标：培养德才兼备、精通外语、创新进取、全面发展的国际型预备人才。创新进取是民族强大的关键因素，

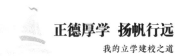

也是新时代对创新型外语人才的要求。培养具有中国精神、民族底蕴，世界视野，通晓国际规则，具备参与国际事务与竞争的能力的外语人才，使之立足全球的发展，汲取世界先进经验，实现为祖国的强大做出贡献，为全人类共同的发展做出贡献的最终目标。

为了更好地实现学校的办学目标，学校实行理事会领导下的校长负责制，在执行国家义务教育和高中教育教学内容的基础上，以外语教学为特色，同时融合光华教育集团的国际课程，为拓宽学生的世界视野，提升国际交流、合作等方面综合能力和终身发展做出努力。学校理事会领导下的校长负责制是企业理事会制和校长负责制两种制度在优势互补基础上的深层次融合，既发挥了理事会的民主和效率特征，又避免了"一长制"的缺陷和不足，使得学校在各利益相关者的协商与合作中实现民主管理、民主决策、民主监督，促进学校的自我约束、自我管理和自我发展。

这种新的学校治理模式是公办中小学去行政化，打破长期以来校长由教育部门直接任命，探索"管、办、评"分离的一种尝试。这种新的学校治理模式，通过对理事人员构成、章程、职权、组织等层面的合理清晰界定，通过平等协商和合作，可以有效综合和满足学校发展的利益相关者的利益和诉求。

传统的"一长制"（"校长负责制"），在相关外部约束和监督体制机制不完善之时，校长对权力的合理和科学使用完全取决于校长个人的素质和人格。而关于校长的选择，作为学校发展的利益相关者，如教师、家长、社区人士、学生，甚至是其他社会组织等利益相关者则完全无权过问。校长的升迁和选择完全由教育行政部门的领导决断，这就导致校长只对上负责而无需对下负责的现象出现。而在新的模式下，校长可以面向全国公开竞聘，有利于进一步提高校长的综合素质，从而更好地带领学校朝着办学目标努力前进；也能够让校长以及其他教职工有"危机意识"，不断提升自身的能力水平和管理水平，从而有利于学校长期良好的发展。

校长在理事会的决策和监督之下，有效制定和执行学校发展的相关规划和决策，避免了政府和其他主体事无巨细地对学校进行干预。同时通过对校长权力的约束和监督，使得权力运行更为透明和可稽查，这集中体现了学校治理现代化的责任性和透明性。校长作为学校行政工作的负责人和责任人，其在权力行使和责任担当层面，得到更为全面的稽查和监督，在达成学校各项工作的目标上则更为有效，这体现了效益和效率的原则。

其次，学校将有效利用自身的优势及具备的优质资源。学校凭借位处天津市北辰区的地理优势，切合"京津冀"协同发展的时代需要，将促进地域、国际合作办学的快速拓展；天津外国语大学多语种外国语教学资源，1964年建校的全国首批外国语学校——天津外国语大学附属外国语学校优质特色教育教学资源和经验，光华教育集团国际教育和民办教育的先进经验，均为催生北辰小外的创办和发展提供有力保障。

办学目标是一个学校办学的指导思想，是校长的办学之魂，给学校办学指明了方向。因此，学校发展应当按照党和国家的教育方针，国家关于教育事业发展的政策、法律和法规，紧密围绕、结合时代的脉搏，勇于探索，锐意进取，反思、总结、提升，使办学目标在把握教育教学管理规律性和个性的基础上，不断实践，不断创新，有序、实效指导学校的整体工作，高效促进学校整体的发展。

第三节
学校精神的再塑

学校精神是指学校在长期的教育教学实践过程中积淀下来的，将学校全体成员的认知、情感所体现出的共同的行为、价值追求等进行抽象概括的思维认识，是学校文化的核心。学校精神体现的是全体学校成员的共同追求，它是经过实践考验而传递出来的一种带有价值倾向的思维认识，带有一定的主观选择性。学校精神和办学理念、办学目标同属于学校文化的一部分，并且是学校文化的核心和集中体现，是学校的精髓和支柱。因此，我们必须关注学校精神的塑造。那天津市天外大附属北辰光华外国语学校又塑造了什么样的学校精神呢？又是如何产生的？

回答这个问题，我们就需要先探讨一下什么是学校精神，从而帮助我们来理解学校精神的塑造。学校精神是建立在对教育的本质、办学规律和时代特征的深刻认识的基础上，是在长期教育教学过程中沉淀下来的群体意识、思维活动和心理状态。它可以外化为办学理念、课程设置、教学研究、育人环境等具体载体。有学者提出，现代学校精神应更加关注培养师生的精神品质，它包括：崇尚真善美，追求真理的精神，这是学校精神的核心和灵魂；科学精神，即实事求是精神，是虚心好学、勇于探索的精神，要体现对前人知识的吸收并在社会实践、生活实践发展的能力；人文精神，即对人才进行文化陶冶，使其具有全面发展的人格，学会做人；创新精神，要培养学生不迷信，在学习和生活中勇于发现，不断创造新我的精神。

学校精神文化可分解为四种基本成分：一是认知成分，即学校这个群体和构成它的个体对教育目的、过程、规律的认识，属于校园文化的理性因素；二是情感成分，是学校这个文化体内的成员对教育、学校、班级、同事、同学、教师、学生特有的依恋、认同、参与、热爱的感情，这种感情内通常包含着很深的责任感、归属感、优越感和献身精神；三是价值成分，即学校校园所独有的价值取向系统，像"尊师爱生"的价值取向，"教育、教学活动优先"的价值取向以及"严谨、守纪、规范、团结"的价值取向等；四是理想成分，即学校及其成员对各种教育活动和学生的发展水平所表达的希望和追求，如创造美好的教育环境，促进学生在德智体美劳等各个方面得到充分、和谐、全面的发展。这是许多优秀学校所追求的理想。

通过对学校精神本质的探讨，可以发现学校作为社会发展和进步的推动者，必须走在时代的前列，因此学校精神是时代的产物，具有敏锐的时代气息，永远代表进步的时代精神。这就要求学校的特征突出体现在以下方面：一是要体现在促进学生的主体发展和个体提高上，在办学特色上增加含金量。二是学校必须不断提高服务意识，不仅是道德的使命，也是学校价值的最终归宿。三是学校应当承担传播文明，教化社会的责任，对整个社会的精神文明的建设做出贡献。但学校为社会服务不是依附性的服务，学校是依据自己的办学理念和方向完成对学生人格的塑造和心灵培养，在这个服务过程中完成人力资源的培养和开发，促进一个大写的"人"字的产生。

此外，学校精神是以学校为主体的思想、情感和作风相统一的，对学校的生存和发展具有巨大的影响力的精神，是一所学校的历史、传统和文化，是一所学校在长期积淀中形成的精神境界。它构成了学校文化的内核，决定着学校的思维方式和工作态度，决定着学校的校风、学风和教风，归根到底决定并制约着学校文化系统的取向和性质。学校精神是一所学校一代代校长传承下来的育人导向，一代代教师和学生的业绩、遗产、思想和风范的结晶，是学校教职工和学生共同努力、长期积淀而成的，稳定的、共同追求的理想和信念。学校的校长在其中起着举足轻重的作用，因此选拔学校校长是培育和塑造学校精神的"核心"。

校长是学校精神的传承者、倡导者。校长独特的人格魅力、远见卓识、学术造诣、教育理想、管理才能、智慧火花决定学校精神的取向及学校价值的提升。因此，学校还要注重对校长的选拔，使校长成为学校精神的倡导者、践行者、传承者，进而让全体师生深刻体会学校精神，发扬学校精神。学校精神是一种理想和价值追求，是一所学校的凝聚力、生产力、创造力和生命力的源泉和动因，是一所学校整体面貌、水平、特色、感染力和号召力的反映，是学校师生的需求、理想、信念、情操、行为和道德水平高低的标志。在今后的发展中，我们将北辰小外的学校精神渗透进师生的认知结构中，强化师生对学校理念的理解，产生对学校理念的反思并将其付诸实践行动中，这是需要全体北辰小外师生共同努力的事。

第四节
"一训三风"的形成

　　"一训三风"是指校风、教风、学风和校训，可谓是一个学校的魂。建设"一训三风"是学校管理工作中的一项重要内容，其不是专门给别人看，用来摆花架子和装门面的，只有深刻理解"一训三风"的内涵，进一步加强"一训三风"建设，才能充分发挥"一训三风"的作用。

　　北辰小外在教育教学过程中落实立德树人的根本任务，继承天津外国语大学附属外国语学校"融中西文化，育国际英才"的办学理念，秉持"正德厚学，知行天下"的校训，树立"慎身弘毅，日月惟新"的校风，"尊道善问，自树树人"的教风和"尚勤敏思，守真致用"的学风，最终形成了"一训三风"的深厚学校文化。

　　校训是学校办学的灵魂。校训是广大师生共同遵守的基本行为准则与道德规范，它既是一个学校办学理念、治校精神的反映，也是校园文化建设的重要内容，是一所学校校风、教风、学风的集中表现，体现学校文化精神的核心内容。

　　学校确立了"正德厚学 知行天下"的校训。修身正心，正者端也。厚：重视，与薄相对。均出自《礼记·大学》，意为立德树人，以正德为先，重

视学习，学习是学校之本，知行合一，引用明代思想家王守仁的观点，学习、认识事物的道理，并在实践中运用，知和行相统一；行即注重实践。走遍天下，喻培养通晓国际规则、具有国际竞争力国际型人才。校训对师生的行为规范有指导意义，它向所有师生指明了努力的方向。

校训往往设置在学校最醒目的地方，使每一个师生经常看到它，受其潜移默化，久而久之，逐渐受其感染，慢慢将其化为自己的内在价值尺度，并以此来自觉地衡量自己的行为，直至最终依据这一价值尺度来及时调整和校正自己的行为。校训本身具有巨大的号召力，鼓动力，如中国人民大学的"实事求是"，自身就是一个号角，具有很大的感染作用，都能很大程度上激励人们。因此，校训无论是内化为一种内在的评价标准，还是内化为一种内在的引导，最终都要落实到实实在在的激励行为上来。

校风即学校的风气。校园精神文化建设是校园文化建设的核心内容，也是校园文化的最高层次。体现学校人员精神面貌，体现在教师的教风、学校干部的作风、各班级的班风、学生的学风上，还存在于学校的各种事物和环境之中。良好的校风既是教育和管理的成果之一，又在教育和管理上具有特殊的作用，它有一股巨大的同化力、促进力和约束力，是一种精神力量和优良传统。建设好的校风是学校管理者的一项重要任务。

基于此，学校确定了"慎身弘毅，日月惟新"的校风。慎身，源自《礼记·中庸》，寓意为谨慎修身，培养高尚的道德情操和正确的价值观念；弘毅出自《论语·泰伯》，宽宏坚毅。寓意抱负远大，意志坚忍不拔。日月惟新出自《礼记·大学》第四十二篇，苟日新，日日新，又日新。苟：如果。可以理解为进步，劝说人们不断进取。惟：只，思考，希望。寓意为学校与师生同步成长和发展，每天每月都有新的进步和气象。

"尊道善问，自树树人"是学校的教风。教风是一个教育群体的德与才的统一性表现，是该教育群体整体素质的核心，是教师队伍在道德、才学、作风、素养、治教等方面的集中反映。好的教风也是一个学校崇高的精神旗帜，它对学生可以起到熏陶、激励和潜移默化的教育作用。教风好，可以提高学校的知名度，可以提高学校的社会声誉和社会可信度。因此，教风是学校生存和持续发展的不竭动力之源。在党的十九大以后，对师德的重视和要求提升了高度。尊重为师之道，善待提问的学生，表现一种爱生之情；善待问者，如撞钟，叩之以小者则小鸣，叩之以大者则大鸣，待其从容，然后尽其声。（会对待提问的人，要回答的有针对性，像撞钟一样，用力小，钟声则小，用力大，钟声则大，从容的响，让别人把问题问完再慢慢回答——教学方法）《礼记·学记》；寓意为尊重为师之道，关爱学生；学术上有建树，以立德树人为己任。

学校风气，简称学风，从广义上讲就是学校师生员工在治学精神、治学态度和治学方法等方面的风格，也是学校全体师生智、情、意、行在学习问题上的综合表现。学校的学风为"尚勤敏思 守真致用"。崇尚勤奋，灵活思考；守住纯洁的本性和操守，将所学知识应用到生活中发挥积极作用。守真也可理解为做实事，求真理，存真情，源自"抱璞守真"，怀抱璞玉般淳朴的本性，坚守金子般纯洁的真我；道家主张保持并蕴含朴素纯真的自然天性，不要沾染虚伪、狡诈而玷污损伤人的天性；《千字文》由南北朝梁朝给事中周兴嗣编纂，一千个汉字组成的短文。性静情逸，心动神疲。守真志满，逐物意移：内心沉静淡薄，情绪就自在安逸；内心浮躁妄动，精神就困顿萎靡；

守住真常之性，心志就能圆满；追名逐利，意志就会转移。《千字文》是我国早起的蒙学课本，背诵之被视为识字教育的捷径，涉及自然、社会、历史、教育、伦理等方面。

学风是凝聚在教与学过程中的精神动力、态度作风、方法措施等，它依不同学校的不同特点表现出独有的特色和丰富的内涵，并通过学校全体成员的意志与行动，逐步地形成和固化，成为一种传统和风格。这些传统和风格对学生的成长起着重大的作用，对学校的发展和建设产生深远的影响。

为了让全体师生培育和践行"一训三风"，学校开展了许多相关的宣传活动和实践活动。

在宣传工作上，我亲自在班子会上、全校教职工大会上，为全校教职工进行"一训三风"的宣讲，逐条地进行讲解诠释，并要求领导干部和全体教师能够深刻理解，能够做到向学生进行宣讲。同时，可在学校的广播中，用浅显易懂的语言，向全校师生进行宣讲。在校园的显著位置、校园橱窗、各班教室中展示"一训三风"的内容，设计"一训三风"精美的展板并在各班教室悬挂，便于师生随时学习记忆。主动接受家长的监督，促进学校良好的风气早日形成。组织对学生进行"一训三风"的抽测检查。

在实践工作中，学校结合教师培训、班主任培训等活动，通过座谈会、听讲座、请专家进校园讲座交流等形式，加强教师职业道德教育、法制教育、爱岗敬业教育，提高教师的依法执教意识。组织广大教师制定《教师忌语》《教师文明礼仪规范》《教师诚信守则》，加强师德教育，树立学生学习效仿的榜样；把"学会做人"明细化。根据学生的年龄特点，设计德育梯度，通过班队会、德育活动等多种形式，对学生进行"学会做人"的德育工作。

　　挖掘传统教育中教人如何做人的宝贵财富，以"义、礼、孝、诚、忠"为基本内容，进行德育研究工作；全力发掘德育校本课程和教材，促进校园早日形成"团结、友爱、勤奋、好学"的良好氛围。

　　做好"一训三风"这项工作有利于发扬优良传统，办出学校的特色；有利于总揽学校的大政方针，促进学校各项工作持续稳定的发展；有利于增强全校师生的向心力和凝聚力，激发大家奋发向上的热情和勇气。良好的"一训三风"建设，必定会使学校形成上下通力协作，师生团结奋进的大好局面。整个校园会成为朝气蓬勃、充满生机和活力的育人环境，以此不断开拓进取，永攀高峰，再创佳绩。

第五节
英才教育的精髓

英才教育是针对资质比较好、具有一定发展潜能的优秀儿童采取的一种特殊教育，让他们接受拥有更多更优秀的教育资源的高质量的教育。英才教育培养的是创新型人才，具有高度自信心、坚强的毅力、强烈的好奇心，能对社会发展、社会变革，甚至是世界的发展和繁荣做出巨大贡献的各行各业的人才。对于北辰小外而言，如何对优秀儿童制定个性化、特色化的培养方案，英才教育的初心和精髓又在于此？希望本节内容可以带给读者一些思考。

历代教育工作者的向往就是"得天下英才而教之"。德国哲学家黑格尔说："一个民族有一些关注天空的人，他们才有希望；一个民族只是关注脚下的事情，那是没有未来的"；孔子说"因材施教"就是英才教育的方法。黑格尔说的"关注天空的人"就是英才，英才儿童、少年与同龄人相比，表现出高成就或取得很高成就的潜质，他们在创新能力、智力、艺术、领导能力方面表现出非凡的水平，英才教育就是让他们接受更优秀和高质量的教育资源，这些儿童和少年被称为英才。

英才是国家的发展战略和稀缺资源。开发和利用好英才，他们的创新能力将促进国家的核心竞争力和国家各行各业的巨大发展。英才教育是指针对英才少年儿童开展的适合其身心特点和接受能力的特殊教育。龚自珍说："我劝天公重抖擞，不拘一格降人才。"选拔人才现在更是我国的重要大事，识别人才的伯乐也相当稀缺，所以英才教育势在必行，打造出各种类型的人才，未来市场就是人才的竞争。当今社会，屠呦呦发明了青蒿素，获得了诺贝尔生理医学奖；袁隆平发明了杂交水稻，解决了 14 亿中国人的吃饭问题；莫言写出了《蛙》《红高粱》《生死疲劳》等，获得了诺贝尔文学奖。社会发展需要这些奇才的出现，成就一番大业。作为教育工作者，对学生的正确教育方法是"因势利导，因材施教"，挖掘学生的兴趣点和优势学科，扬长避短，让学生们从事自己喜欢又擅长的工作。

英才教育的主体模式是充实教育模式，把英才和普通同学安排在一个班级共同学习，让英才学生和其他学生和谐相处，有利于培养他们的高情商和人际交往能力，同时能发展他们的高智商。北辰小外的英才教育体制有五个方面：

第一，以学校为中心。学校驱动的英才教育模式应该是最有效的，通过不同的任务设计、课程安排进行有针对性的英才教育。学校统筹安排教学的预算，评价和改进教学的环节。

第二，个性化。英才教育的个性化适应了不同英才的需求，以满足英才多样化和分散化需求，确保学校教学与课外活动的差异性，给他们提供灵活的课程，运用全方位评价体系对他们进行选拔，确保他们特殊的潜能得到很好的挖掘和开发。

第三，集成综合化。英才教育是一个整体，成为教育政策和实践的整体组成部分和学校的主体，而不是分散的各方法的简单集合。课内与课外互补，鉴别和支持互补，监护人和家长是英才的辅助者，社会各界是英才教育的合

作伙伴。

第四，普遍化。英才教育逐渐回归大众化，所以它在整个教育体制中普遍存在。英才学生和教师应当平均分布在整个教育体制内。随着劳动力市场的国际化趋势，英才教育成为全球性主题，任何学校的学生都可能成为英才。英才教育有助于完善学校的教学环境和条件，从而达到最佳的教学效果。

第五，成效。英才教育计划的好坏取决于其培养成果，它提高学生的学业水平，提高对学生的期望和他们的学习动机。英才教育应该消除不利学业成就的各类环境，创造出奖勤罚懒的竞争性学业机制，使那些优秀学生有更浓的兴趣和更强的成就感。对英才教育的成果通常有健全的评价标准和可持续发展的循环体制。学校教育应该与周末和假期等广泛英才成长活动联系起来，才能收效颇丰。这些校外的辅助教学机构和网络可以补充和支持学校教育。

我们充分意识到，为了实现人才强国，英才教育对象回归大众，教育的发展从一小部分的天才儿童扩大到有优异表现的儿童直至有发展潜能的大众，结果是"人人有超常潜能，人人都接受英才教育"，确保每个孩子接受最好的教育，促进英才教育的合理化。英才教育的内涵从单一走向多元化，从以高智商为唯一特征发展成某一方面有突出表现的个性特征，甚至包含多元化的社会特征。英才教育与时俱进，通过广泛地选拔和培养人才，为全体大众提供基于普通教育的高级教育。而这，正是学校英才教育的精髓。

"真正的教育公平不排斥卓越"，好的教育是适合学生需要的差异性的教育，北辰小外的英才教育模式仍需家长、社会等多方面共同助力，才能为英才教育提供坚实的人力支持和智力支持。

第二章

前 行 航 标

——加强学校党建工作

　　当做好船队航行的前期准备之后，"北辰小外"号终于能够扬帆起航。航行的过程中总是风险与机遇并存。为了不在茫茫大海中迷失自我，为了乘风破浪、顺利到达彼岸，学校这支船队需要航标，引导其顺利航行在危机四伏的大海上。而学校前行航标便是加强党建工作。学校的党建工作包括做新时代的教育人、坚持学校的社会主义办学方向、发挥党组织引航保驾作用、强化党组织的制度建设等方面。

第一节
做新时代的教育人

党的十九届五中全会通过的《中共中央关于制定国民经济和社会发展第十四个五年规划和二〇三五年远景目标的建议》，其中教育领域指明了坚持立德树人、加强师德师风建设、培养德智体美劳全面发展的社会主义建设者和接班人、建设高质量教育体系的目标任务。北辰小外勇立潮头，不光是为了看那潮头不一样的风景，更有高度自觉的时代感。

教育要顺应时代的潮流，符合社会发展的需要。因此，北辰小外全体教职工充满创新意识，做新时代的教育人。

习近平总书记在党的十九大报告中指出：中国共产党人的初心和使命，就是为中国人民谋幸福，为中华民族谋复兴。这一重要论述为新时代教育工作者把初心镌刻在心、融入血脉，努力成为先进思想文化的传播者、党执政的坚定支持者、学生健康成长的指导者和引路人，指明了奋斗目标和努力方向。教育工作者担负着培育能够担当民族复兴大任的时代新人的历史重任，在"不忘初心、牢记使命"主题教育中，结合新时代对教育工作提出的新期待新要求、自己的岗位职责和肩负的神圣使命，深刻理解和把握住新时代教育工作者的初心是什么、为什么要守初心、如何守初心这三个方面，矢志不

移，砥砺奋进，撸起袖子加油干。

做新时代的教育人，需要不忘初心，砥砺前行。新时代教育工作者要秉承共产党人的优良传统，明确自身坚守的初心是什么。教育是党的事业发展的重要保证，是国家兴旺发达的根本基石，是民族奠基的基础工程。因此，学校的初心和使命就是永远坚守为党育人、为国育才的立场，培养合格的社会主义建设者和接班人；始终坚持以人民为中心发展教育的思想，办好人民满意的教育；主动承担服务国家发展的重任，加快推进教育现代化、建设教育强国。此外，还要强化"教育报国"的政治担当，将为人民服务的宗旨镌刻在心里、落实在行动上，为加快推进教育现代化、建设教育强国、办好人民满意的教育不懈奋斗。

习近平总书记指出："走得再远、走到再光辉的未来，也不能忘记走过的过去，不能忘记为什么出发。"中国特色社会主义进入新时代，新时代呼唤新担当，新使命要展示新作为。

坚守初心，是我们党一路走来的制胜法宝，是我们党不断自我革命、勇于创新的有力武器。从历史逻辑上看，如果没有中国共产党对初心一以贯之的坚守，民族独立、人民解放的重大问题就不能解决，新中国也不可能实现由"站起来"向"富起来"的伟大转变，更不可能实现"强起来"的伟大飞跃。从实践逻辑上看，长期以来特别是党的十八大以来，改革开放和社会主义现代化建设都取得了历史性成就，中华民族比历史上任何时期都更接近、更有信心和能力实现中华民族伟大复兴的目标，这些都离不开中国共产党对初心矢志不移地坚守。因此，学校的新时代教育工作者坚守着"教育报国"的初心，努力做好教育工作，推动教育事业新发展，为早日实现"两个一百年"奋斗目标和中华民族伟大复兴中国梦贡献智慧和力量。

做新时代的教育人，要用心坚定理想信念，忠诚于党的教育事业。习近平总书记指出，"理论上清醒，政治上才能坚定。坚定的理想信念，必须建立在对马克思主义的深刻理解之上，建立在对历史规律的深刻把握之上"。教师思想政治状态对学生有着很强的示范性，北辰小外坚持用习近平新时代中国特色社会主义思想武装头脑，树牢"四个意识"，坚定"四个自信"，做到"两个维护"；同时坚定理想信念，坚守教育报国的初心，增强使命担当，忠诚于党的教育事业，确保社会主义办学方向。

做新时代的教育人，要用情关爱学生，落实立德树人的根本任务。培养社会主义建设者和接班人，是我们党的教育方针，同样也是北辰小外的使命。"国势之强由于人，人才之成出于学。"教育工作者的管理服务水平直接影响着人才培养的质量和水平，因此，我带领学校全体教师全面提升自身综合素养、拓宽教学视野、锤炼过硬的教书育人本领，更好承担起引导学生健康成长的责任，以德立学、以德立身，认真落实立德树人的根本任务；以学生为中心，遵循教育规律，始终把学生放在心里，通过爱心的传递、情感的投入，不仅教会学生知识和技能，更以优良的校园文化、良好的校风学风引导学生培育和践行社会主义核心价值观，启迪学生的创新思维，使每个学生都能够找到真正适合自己的发展方向，成为具有独立思考能力、创新创业能力、团队协作和社会担当能力的人才。这是国家发展的需要，也是北辰小外的使命，更是教育工作者义不容辞的责任。

做新时代的教育人，要用力"找差距"，抓"落实"。初心如磐，使命在肩。习近平总书记在"不忘初心、牢记使命"主题教育工作会议上指出，

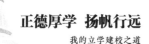

要牢牢把握"守初心、担使命，找差距、抓落实"的总要求。北辰小外的教师干部一方面立足岗位，向身边的模范典型学习，找准自身与先进人物的差距和不足，见贤思齐；找准自己所在的部门与其他兄弟学校同行的差距，认真谋划，比超先进，为实现中华民族伟大复兴中国梦凝聚教育的智慧和力量。另一方面，学校把学习贯彻习近平新时代中国特色社会主义思想和主题教育的成果，转化为推进学校改革发展和人才培养工作的具体实际行动，把对初心和使命的认识转化为开拓创新、砥砺奋进的强大精神动力。

在新的开始、新的征途、新的时代中，无论作为教师，还是作为学生，都应不断增强自身的主动性与责任感，增强自身学习意识，做到学、思、用贯通，知、信、行统一，做到内化于心、外化于行，把初心和使命转化为立德树人的实际行动，把教育强国的美好蓝图变成现实、把人民满意的教育美好愿景化为实景，助力实现中华民族伟大复兴的中国梦。

第二节
坚持学校的社会主义办学方向

习近平在全国教育大会上对教育改革发展提出了一系列新理念、新思想、新观点，即"九个坚持"，坚持社会主义办学方向是"九个坚持"体系中的重要一环。而办学方向历来在中国共产党教育方针谱系中占据着重要地位，坚持正确的办学方向是中国共产党传播主流意识形态、培养建设者和接班人的顶层设计和重要机制，是新时代坚持中国特色社会主义教育发展道路的首要问题。

《大学》载："大学之道，在明明德，在亲民，在止于至善。"大学之为大，就是在授业解惑中引人以大道，启人以大智，使人努力成为栋梁之材。对于今天的北辰小外来说，培养什么样的人、如何培养人以及为谁培养人，始终是一个根本问题。一旦在办学方向上走错了，在培养人的问题上走偏了，那就像一株歪脖子树，无论如何都长不成参天大树。加强学校思想政治工作，最重要的就是在事关办学方向的问题上站稳立场。

一、坚持学校社会主义办学方向

新时代坚持中国特色社会主义教育发展道路的核心要求，就是坚持社会

主义办学方向。这是新时代坚持和发展中国特色社会主义教育的根本原则。
"君子务本，本立而道生。"社会主义办学方向就是"本"。忽视或弱化对
社会主义办学方向的坚持，在培养人的问题上走偏了，我们为之奋斗的现代
化事业就会失去方向和目标。办好中国特色、世界水平的现代教育，最重要
的就是在事关办学方向的问题上站稳立场。为此，我们做出如下努力：

第一，学校积极构建德智体美劳全面培养的教育体系，培养德智体美劳
全面发展的社会主义建设者和接班人。

在日常教学中牢牢抓好课堂教学育人主渠道。课程是实现育人目标的重
要载体，体现着国家意志，在落实立德树人根本任务中发挥着关键作用。严
格落实义务教育各学科课程标准，切实保证开齐、开足、开好规定的各门课
程，为培养担当民族复兴大任的时代新人打下坚实的共同基础。教材是课程
的主要载体，全面启用语文、历史、道德与法治三科统编教材，规范各学科
国家课程教材的使用管理。准确把握课程标准和教材，充分激发校长课程领
导力和教师课程实施力，围绕核心素养开展教学与评价，促进学生自主、合
作、探究地学习。

第二，学校把"四个服务"作为根本要求，把"坚持以人民为中心发展
教育"作为根本宗旨。

北辰小外致力于让每个孩子都有人生出彩的机会。因此，我们努力形成
更高水平的人才培养体系，培养学生的核心价值、必备品格和关键能力。把
立德树人融入思想道德教育、文化知识教育、社会实践教育各环节，学校的
学科体系、教学体系、教材体系、管理体系都围绕这个目标来设计，教师围
绕这个目标来教，学生围绕这个目标来学。凡是不利于实现这个目标的做法

都要坚决改过来。

第三，学校把坚持社会主义意识形态作为根本特征。

马克思主义是我们立党立国的根本指导思想，也是我国教育最鲜亮的底色。在教育教学实践中，我们牢牢把握学校意识形态工作领导权、管理权、话语权，坚持马克思主义指导地位不动摇，坚持不懈传播马克思主义科学理论，抓好马克思主义理论教育，为学生一生成长奠定科学的思想基础。

北辰小外把理想信念教育放在首位，牢固树立共产主义远大理想和中国特色社会主义共同理想。把培育和弘扬社会主义核心价值观作为凝魂聚气、强基固本的基础工程，把社会主义核心价值观融入教育全过程，落细、落小、落实，入耳、入脑、入心，让核心价值观的种子在少年儿童心中生根发芽，引导广大师生做社会主义核心价值观的坚定信仰者、积极传播者、模范践行者。

第四，学校把教师队伍建设作为根本依靠。

教师是立教之本、兴教之源，肩负着传播知识、传播思想、传播真理，塑造灵魂、塑造生命、塑造人的时代重任，是教育发展的第一资源。如果说今天的学生是未来实现中华民族伟大复兴中国梦的主力军，教师就是打造这支中华民族"梦之队"的筑梦人。这是今天教师所要扛起的历史担当。

教师队伍建设工作是确保党牢牢掌握教师队伍建设的领导权，保证教师队伍建设正确的政治方向。把提高教师思想政治素质和职业道德水平摆在首要位置，把社会主义核心价值观贯穿教书育人全过程，推动教师成为先进思想文化的传播者、党执政的坚定支持者、学生健康成长的指导者。把教师工作置于教育事业发展的重点支持战略领域，打造政治过硬、业务精湛的高素

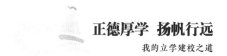

质、专业化、创新型教师队伍。营造尊师重教蔚然成风的社会环境，努力提高教师政治地位、社会地位、职业地位，使广大教师在岗位上有幸福感、事业上有成就感、社会上有荣誉感，使教师享有应有的社会声望，成为让人羡慕的职业。

二、学党史，定方向

坚定中国共产党是中国特色社会主义事业的领导核心，始终代表中国先进生产力的发展要求，代表中国先进文化的前进方向，代表中国最广大人民的根本利益。历史是最好的教科书，也是最好的清醒剂。党史是党员干部的"必修课"，从中能够汲取经验教训，汲取不懈奋斗的力量，在面对前进道路上的挑战与挫折时，找到更坚定、更自信的自己，在信坚定、行笃定中书写梦想的"新答卷"。

党的历史进程告诉我们，伟大梦想的实现一定是在持之以恒的坚持中实现的。力量需要生长，力量需要凝聚，力量需要在时间长河中不断沉淀，一个党员干部的跋涉足迹能走多远，在于其理想信念有多强。人们常说："理想信念高于天"，梦想是天，天之大在高处；奋斗在实，千里路在脚下。党员干部的奋斗要有源源不断的力量补给，要坚守精神追求，以理想信念"扎下根"，以理想信念"补足钙"，不断锤炼自身的筋骨，让自己在苦难挫折中淬火成钢。做好新建学校的开局是我校全体党员不可动摇的信念。党支部书记勇于带头，率先垂范，冲锋在前，身体力行。

党史是有"记忆"的，这种"记忆"是共产党人身上的红色"烙印"，是传承的血脉基因，也是攻坚克难的制胜法宝。党员干部在"赶考"的路上，总会面对前所未有的风险挑战和严峻的斗争环境，"志不强者智不达"，党员干部要在党史中传承红色基因，接过精神火炬，以坚忍不拔的意志励精图治。在面对新冠肺炎疫情时，千千万万个党员选择逆行，彰显了共产党员绝不服输与决心向前的韧性。没有共产党人这种不怕苦、不怕累的斗争意志，就没有新时代伟大的"抗疫精神"。北辰小外耕耘在教育战线的普通教师在疫情防控常态下的教学过程中，以平凡的身份书写着不平凡的故事，我们为每一名教职工的付出而自豪，我们无愧于教师这份职业，拥有高尚的师德和情操。忠诚于党的教育事业的梦想在每一位教育工作者心中闪耀，永不磨灭。

翻开百年党史，从艰苦卓绝的革命年代到改革发展的建设年代，中国共产党的自信力在开拓与实践中不断增强。共产党人风发之意气与年龄无关，与精神状态和本领才干有关，这种风发意气是党员干部在朝霜暮雪的学习中得来，在思考总结的智慧沉淀中得来，在不断摸索的实践探知中得来，归根结底是由成长与经验得来。

党员干部的自信力展现着个人的风采。学校的党员教师们虽然年轻，但有的是活力，有的是时间，有的是机遇，有的是积累。年轻党员能带动我们党的事业发展开拓进取。在建党100周年之际，北辰小外开展学习党史教育动员大会等系列活动，党员教师们全部积极参加，并在学习中不断提高自己的思想觉悟，争做表率。在本职工作中增加才干来增添风发之意气，保持积极向上的心态让这种意气"高高飘扬"，成为前进道路上的激励和鼓舞，厚积闯关夺隘的底气，在自信前行中实现自我价值，去打破更多的"不可能"，创造更多的"新精彩"，书写北辰小外教育梦想的"新答卷"。

学校是一个正式的、系统的、强有力的政治社会化途径，学校可以通过

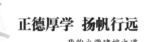

思政教育课程，将党和国家的政治文化有目的、有计划地传递给师生。坚持社会主义办学方向，就应该掌握学校意识形态工作的领导权、管理权、话语权，扎实推进学校党建工作；强化问题意识、警惕意识、关怀意识，发现和解决学生思想领域的突出矛盾；坚持不懈地传播马克思主义理论，对马克思主义的理论逻辑和时代特色作出科学彻底的阐释，提高理论内容的科学性；将北辰小外教育传统优势与现代信息技术高度融合，做好网络阵地的意识形态工作。

第三节
发挥党组织引航保驾作用

回望百年奋斗之路，基础教育取得举世瞩目的成就。当前，我国基础教育整体发展水平已跃升到世界中高收入国家行列，从"有学上"到"上好学"，从"公平而有质量的教育"到"更加公平、更高质量"的教育。

民办学校是社会主义教育事业的重要组成部分，同样承担着培养社会主义建设者和接班人的重任，必须加强党的建设。新时代做好民办学校党建工作的重点之一便是发挥好党组织引航保驾作用。为此，北辰小外通过一系列行之有效的措施，提升党组织的建设能力和组织能力。

一、抓好队伍建设，筑牢思想根基

学校积极抓好党组织自身建设工作。为了重点抓党员素质的提高，除了坚持三会一课制度，进行常规的政治思想教育外，还对主要任务进行了详细的规划与战略部署，使每一名党员在学校的各项工作中都要起先锋模范作用和骨干作用。在现实的教育教学实践工作中，学校对党员的行为规范作出了明确的指示：要求群众做到的，党员首先要做到；要求党员做到的，党员干部首先必须垂范。严格党的纪律，注意提高党员素质，要求党员教师主动处

理好个人与工作、与改革、与集体、与同事等方方面面的关系，在本职工作中挑重担，讲奉献，以自身的行动体现党为人民服务的宗旨和党员的风范，提高党的凝聚力和战斗力。

筑牢思想根基，首先需要凝聚队伍，为此我们着力加强学校教师队伍的建设。首先是抓好教职工思想政治工作，学校党组织充分发挥了思想政治工作优势，把稳定作为思想政治工作的主要目标，把理顺情绪、化解矛盾、稳定思想、营造良好的工作氛围作为一项常规性工作抓好。协同学校行政，做好教职工的师德师风教育和敬业精神教育，切实加强学校教师队伍共同理想及人生观、价值观的培育。通过专题教学等多种形式的活动，引导正面舆论，营造积极氛围。让教书育人、爱岗敬业、乐于奉献始终成为全校教职工的思想基调。

为抓好党员队伍建设，我们以支部书记为首，严格履行教育管理职责，把强化党员理论武装和理想信念教育，作为从严管党治党的重中之重，教育引导党员坚定理想信念、把牢政治方向、提高政治站位，不断凝聚作为新建学校干事创业的思想动力。

学校支部把习近平总书记系列重要讲话精神，特别是视察天津时做出的重要指示精神、十九大及历届全会精神、《中国共产党章程》《中国共产党廉洁自律准则》《中国共产党纪律处分条例》及全面从严治党重要论述等作为必学内容，坚决筑牢拒腐防变的思想道德防线。在疫情防控期间，全体党员积极参与各项工作，真正做到了组织生活不间断，在筑牢思想根基的同时注重实践。

二、从严管理队伍，抓好意识形态

坚持什么样的办学方向，培养什么样的人的问题，历来是无产阶级政党区别于其他任何政党的一个显著标志之一。北辰小外党组织把全面贯彻落实党的教育方针、培养德智体美劳全面发展的社会主义建设人才和接班人，作为自身工作的第一要务。学校党组织不断强化自身的"纠偏"意识、"把舵"意识。在日常的教育教学工作中，学校注重学习贯彻党的路线、方针、政策，加深对社会主义市场经济的认识；加深对科教兴国，大力开发人力资源，可持续发展战略的认识。在学校的例会和教研工作的小组会上，我经常带领教师思考并自查：学校德育工作的首要位置是否落实到位了？体育、美育等工作是否摆上了应有位置？学生是否得到全面发展？各小组通过经常开展专题调研并及时向学校行政领导反馈信息，从而实现宏观上的有效调控。

学校开办之后，支部根据上级党委要求，加强对意识形态工作形势的分析研判，及时研究制定《学校支部落实意识形态工作方案》，不断强化组织领导，完善工作机制，落实工作责任，召开意识形态专题研究会议，对学校意识形态工作进行了安排部署。学校通过一系列手段切实加强舆情管控，借助微信订阅号、学校官网、校内海报、疫情防控明白纸、班级内墙报宣传等，牢牢掌握意识形态领域的主动权和话语权，凝聚起众志成城、全力以赴、共克时艰的强大正能量。

三、落实管党治党，树立清风正气

面对从严治党新常态、改进作风新要求，我校支部以党的理论滋养初心、引领使命，坚持不懈用习近平新时代中国特色社会主义思想武装头脑，做好

"打硬仗""啃硬骨头"的准备，增加时不我待、只争朝夕的紧迫感和责任感，以坚忍不拔的毅力和钉钉子的精神持续抓、反复抓，推进各项工作落实，从严治党，将"韧"字坚持到底。

我带领学校党支部牢固树立党建是本职、不抓党建是失职、抓不好党建是渎职的意识，主动担负起全面从严治党的政治责任和领导责任，着力加强了党支部标准化规范化建设，逐渐提升党建工作水平，从而落实管党治党，树立清风正气。

为了使支部严格执行党内各项制度，认真落实"三会一课"、谈心谈话、发展党员等制度，从按时交党费、过组织生活、汇报思想等具体工作抓起。在党员中树立清风正气，尤其抓牢师德建设，廉洁自律。在日常管理中，时刻以上率下，疫情防控常态化期间校园义务值班，确保上下学学生进出校园的安全，筑牢校园安全防线，使冬日充满温暖。党员冲在前，上下一心，在落实上下功夫，全面提升我校各项工作管理水平。

2021年是中国共产党成立100周年，是"十四五"开局之年，是开启全面建设社会主义现代化国家新征程的第一年。正是在党的领导下，我国基础教育事业发生了翻天覆地的变化。通过北辰小外的实践探索和经验总结，我们可以发现，党的领导在学校建设的方方面面起到了保驾引航作用，我校全面贯彻党的教育方针，全校师生紧密团结在以习近平同志为核心的党中央周围，永远跟党走。

第四节
党组织的制度建设

　　制度是社会关系和交往活动的规范体系。加强党组织建设，完善制度规范要久久为功，要在发展中发展，与时俱进，不断完善，适应新环境，为建设先进、廉洁、公开、民主的党组织提供强有力支撑。加强党组织制度建设是党组织工作的重心。北辰小外一直重视学校党组织的制度建设，在结合学校自身实际中不断完善党组织的制度建设，制定相关规章制度。

　　教育是国之大计、党之大计，坚持和加强党对教育工作的全面领导，是办好人民满意的高质量教育的政治前提和根本保障。北辰小外于2019年9月开办，2020年12月完成党支部换届选举和支委分工。学校于2019年6月，在筹备组满3名党员后，申请并由上级党委批准，成立学校党支部。筹备期和开办后积极与上级党委保持党建工作的一致性，分阶段制定党建工作要点，开展习近平新时代中国特色社会主义思想、不忘初心牢记使命、总书记视察天津时提出的"三个着力"等重要讲话和精神的专题学习交流讨论和实践活动。在学习过程中逐渐增强党员们的"四个意识"、坚定"两个维护"和"四个自信"：坚定披荆斩棘、克服困难、创办人民满意的学校的信心和勇气。

　　支部建于新，学校始于新，亟待发挥"新"的长处。"新"意味着生命

力，新学校、新支部没有"顽疾"是我们的长处，支部书记和支委需要带领全体党员把握好起始阶段，奠定扎实、规范、有特色、正能量、易推广的党建工作，重点在于根据学校实际情况的需要，与教育教学工作高度融合。

学校正式开办后，我们及时召开全体党员大会，明确责任和使命，制定支部工作计划，落实党员示范岗，率先发挥支部战斗堡垒的先锋模范作用；定期组织十九届五中全会精神、习近平治国理政、支部工作条例等专题学习交流，坚持三会一课制度；支部将党员队伍命名为"心之队"——心往一块想，劲往一块使；分阶段开展"凝心、红心、烛心、暖心"等主题党日系列活动，加强支部党员"心之队"的建设，以党建促进教育教学工作。继续开展具有我校特色的"心"主题党日系列活动，长期坚持并以此作为党建工作的重要载体和抓手，带动支部工作上层次、见发展，以党建促学校建设。全体党员增强并明确责任担当意识，充分发挥党建在学校工作中的引领作用。

学校通过坚持谈心谈话制度，进一步明确每一名党员的身份、支委在党员中带头的身份、书记的责任意识和率先垂范力度，将政治任务扛在肩上。强化政治意识，明确政治方向，坚决维护核心，坚持立德树人的教育根本任务。明确我党的育人目标，坚持教育的根本任务，要求我们在学校具体工作中加强理论学习研讨。通过形成支部合力，便于凸显先锋作用的常态化。在日常管理中，我们自觉接受学生、家长、全体教职工的监督，从而统一思想，解决问题，干事创业勇奉献。

此外，学校加强反思整改意识，不断提升自身要求。支部将坚持支委之间、党员之间批评与自我批评成为常态化。在支部党员之间，摒弃好人主义，旨在及时发现工作中问题并及时解决，寻找新的思路，又好又快推进学校各方工作的高起点发展。

回顾从建校起至今的党组织建设历程，我们可以深刻发现，建立健全党在校园的全面组织体系，坚持和加强党对教育工作全面领导的体制，强化党的创新理论武装，提升教育系统党的建设质量，才能把党组织建设得更扎实、更有力。

第五节

凝心·红心·烛心·暖心——"心之队"在行动

习近平总书记关于教育的重要论述，紧紧围绕"培养什么人、怎样培养人、为谁培养人"这一根本问题展开，深刻回答了在中国特色社会主义新时代办什么样的教育、如何办教育的根本问题。而教育的高质量，归根结底是人才培养的高质量。如何跟上时代发展的步伐，培养德智体美劳全面发展的社会主义建设者和接班人，争创品牌特色外国语学校，在"凝心、红心、烛心、暖心"系列专题党日活动中可见一斑。

以党建带动学校工作为基本原则，学校党支部策划和实施"凝心、红心、烛心、暖心"系列专题党日活动方案。

为凝聚全体党员工作目标和信念、统一思想，学校党支部在"凝心行动"中，分别举行暑期培训、入职宣誓、党员志愿者防疫示范岗责任区等活动，深入了解北辰区发展历史和旗下知名企业，确定与北辰区同向发展、多方位融合，凝心聚力办好植根北辰的学校。全体党员与教职工统一认识，做好师德师风表率。在此基础上组织全体党员多次召开党员大会、组织生活会，学习提高思想觉悟。在开学防疫工作中，发挥党员志愿者身份，明确党员日常防疫点位，明确党员示范岗责任区。通过"凝心行动"，学校党员提升思想认识站位高度，对学校的办学理念认识更加深刻，力争充分发挥工作的主观能动性和模范带头意识，率先垂范。

"红心行动"则围绕爱国主义教育月，以宣传新四史为主要内容，结合学科教学，配合班主任和任课教师，提供与课堂教学紧密结合的、包含爱国主义主题的各类教学和宣传材料，组织班级专题活动，如书写"红色"笔记、读一本红色书籍、看一部红色电影、给学生讲红色故事等，在学习过程中提高思想认识，树立鲜活的学习榜样和具体可感的形象，促进学校工作积极有序进行。

"烛心行动"则是指在学校各类班级和学生活动中，寻找教育教学中的可触发点，如在科技节、外语节等活动中有针对性地具体指导学生学习，鼓励学生发挥想象力和动手能力，完成科学制作，在实践活动中延展学科内容，渗透物理学、化学知识，从而形成可持续培养的学科素质，培养学生的学习兴趣和实践能力。

"暖心活动"围绕关爱学生和非党员教师的目标，完善党员教师与学生，党员教师与非党员教师"一对一"或"一对二"的传帮带机制，主动了解学生和教师思想动态和学习工作生活中的困难。为了落实传帮带计划和细则，党员教师参加"家长帮"举办的教育宣传活动及"倾听心声 做快乐园丁"心理健康暖心讲座，面向社会、家长、学生提供暖心咨询服务。通过一系列活动，发挥党支部建设带动教育教学工作的特性，以党建促建各项工作，凸显党员在学校的战斗堡垒和先锋带头作用——不等、不靠、积极主动工作；树正气，明正德；讲政治，讲奉献，不计个人得失，一切以学校工作——学校的高起点、快速发展为核心。党员起带头作用，关心、爱护、帮助不仅表现

在教职工之间，还表现在师生之间、家校之间。主动是要素，主动体现关心和爱护，助力成长。此外在活动中发挥教育的品牌服务意识，服务家长和社会，助力扩大学校影响。

"扣好人生第一粒扣子"，让党的优良传统的种子在青少年心中生根发芽。而若想真正培育青少年爱国爱党的精神，则必须使学生从小养成爱党、爱祖国、爱社会主义的良好思想品德和行为习惯。在这个过程中充分发挥学校党组织战斗堡垒作用和党员先锋模范作用，结合学生自身成长实际学好党史，以英雄模范人物为榜样，以党的历史为主线和重点，使学生们从小坚定听党话、跟党走的决心，在新征程上传承星火、赓续血脉，教导学生要刻苦学习、树立理想、砥砺品格、增长本领，努力实现德智体美劳全面发展。

第三章

尽 职 扬 帆

——健全学校管理制度

    北辰小外这支船队在做好学校的文化建设后顺利启航，又不断加强党建工作来避免在大海中迷失方向。为了能够航行得更远，学校必须健全学校管理制度。要想管理好一个学校就必须有一套切实可行的规章制度。俗话说，"家有家规，国有国法"。学校管理同样需要规章制度。

第一节
我的学校管理观

在知识经济条件下，伴随着教育与管理系统的全面重构，好校长不仅应该是一名优秀的教师，必须是一位对教育工作有独到的研究、具有真知灼见的管理者，一位有自己的办学理念和办学方向的思想者。好的学校管理者应该本着从"人"的角度出发，对学生的未来负责，为学生将来的发展奠定坚实的基础。教育有其自身规律，校长有其特殊使命，校长的思想、意志往往决定学校的办学思想、办学方向。现在流行这样一句话，评价学校看校长，评价校长看"三观"，即教师管理观、学生发展观、校长素质观。而我说还要加一观，那就是"课程理念观"。在实践经验的基础上，我的"四观"逐渐建立并完善。

一、教师管理观

（一）教师管理需要遵循既控制又协调的原则

对学校管理者而言，控制也好，协调也好，都是必要的手段。没有控制，不足以形成规范和秩序；没有协调，就会导致人际关系紧张，产生内耗，但单纯强调控制，有管无理，就会导致强权专断，压制被管理者的能动性；只

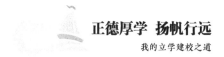

强调协调，理而不管，又会导致有令不行，有禁不止。因此，在管理中关键是要尊重客观规律，把管与理、控制与协调有机结合起来，在管中理，在理中管；管而有度，理而有节；相互促进，相得益彰。"管"与"理"如同管理者的左膀右臂，须臾不可分离。

（二）在学校管理中坚持用欣赏的眼光去赏识教师，关注教师专业成长，以服务为理念

作为教师，他们都有被别人认可的需求，校长要懂得欣赏教师的优点，要学会赞美，慷慨地从小事情去赞美教师；要尊重教师，相信每一位教师都有其优秀的一面。

（三）为建设学习型学校，带领教师把学习当作一件神圣的事情

向实践学习，向教师学习，向学生学习，让教师做到"工作学习化，学习工作化"。根据学校的师资现状，改变以往管理细则化的倾向，实施宏观管理。在探索阶段，把对教师的教学评价进行了调整，要求教师在教学实践中，对各项内容分步过关，循序渐进，给教师创设宽松的实践空间，激发教师参与课程改革的热情，让教师真正成为教学活动的主体和创造者。教学模式也由行政型向研究型转变。学校的教学管理人员经常深入课堂听课评课，了解教学情况，发现问题，使教学过程得到及时的监控。同时，我会带领管理人员及时协助教师研究解决出现的问题，使教学过程及时得到优化，实现行政管理人员向以帮助教师发现问题、解决问题的协调者、研究者方向发展。

二、学生发展观

校长是办学方向的掌舵者，而确定一个正确的航标是关键，因此校长要

高瞻远瞩，确定一个对学校、对师生、对社会都有益的航标。作为学校的领导者，我一直以来都认为学校的教育理念要以学生发展为本，以促进学生的发展为目标、出发点和归宿。

新时代的学校教育，不但要重视学生的德育、智力因素，还要关注学生心理健康问题。为了学生的可持续发展，学校要把学生的养成教育当作重要抓手，为学生的终身发展奠定基础。

以艺术教育为切入口，以课堂教学、兴趣活动为载体，因材施教，培养全面发展的社会主义建设者和接班人是学校办学的原则。学校充分利用校园的文化设施和校外的文化资源，开展了各种文化娱乐体育活动，使校园的课外文化活动具有群众性、自主性、知识性、娱乐性的特点，能使学生在"求知、求新、求美、求乐"的活动中提高认识，开阔视野，活跃身心，增进友谊，丰富生活。如每年开展的"春秋季运动会""趣味运动会""阳光运动长跑""体育大课间活动""校园舞展示"等活动，都能使学生的主体作用得到充分的体现。

三、课程理念观

课程是学校培养人才蓝图的具体表现，是教师从事教育活动的基本依据，是学生吸取知识的主要来源。合理的课程设置对学生的全面发展起着决定作用，更是评估教学质量的主要依据和标准。作为学校的领导者，我的课程理念观紧随课程改革潮流，引领学校课程建设规范化、立体化。

（一）学校严格按照要求设置课程

学校根据课程改革有关要求，通过实验逐步形成了国家、地方、学校三

级课程管理工作机制，有力地提高了学校自身的课程管理能力，认真落实课程设置计划，开足开齐课程，并周密制定课程计划检查措施。在学校领导班子的总体战略部署下，教务处坚持不定期检查，做到有检查、有记录、有总结、有奖惩，确保课程计划落到实处。

（二）学校努力优化课程资源，强化校本教育

学校在执行国家、地方课程的同时，结合学校自身的传统和资源、学生的兴趣和需要、学情和校情，大力开发校本课程，自主灵活地安排好学生的学习活动，充分体现我校的办学特色。心理健康学科教师根据学生生理、心理的特点自编教材，开设心理健康校本课程，对培养学生完善的人格和健康的心智具有积极的作用。美术教师开发、利用、融入本土文化自编美术教材，对书本知识进行了有益的补充，既增添了教材的地方性、乡土性，又让学生在实践的探究中拓宽了审美领域，使学生参与本土文化的传承。

（三）学校试行评价和考试制度改革

评价改革是课程改革的重要组成部分，也是制约新课改实验能否顺利进展的瓶颈。我校根据"立足过程、促进发展""发展是目的"等新的评价理念，努力探索并构建了促进学生发展、提高教师教育教学能力的学校课程实施评价体系，并改革了评价内容和评价方法。在关注学生学习成绩的同时，密切关注学生的情感、态度、行为方式的发展。把激励机制引入课堂，充分发挥评价的激励功能，严格控制考试次数，改革考试方法，实现多元化评价方式。同时，充分发挥评价期望和激励功能，注意了评价主体的多元化、评价内容的过程化、评价手段和方式的多样化，并尝试建立了以自评为主，以教师、学生、家长共同参与，彼此互评的、促进教师和学生不断发展的评价

制度体系。该评价体系对促进学生素质全面发展，促进教师专业化发展和促进校本课程开发起到巨大作用。

四、校长素质观

作为一校之长，作为一名学校的管理者，在对于学校的各项工作齐抓共管的同时，要及时提升自身的业务能力，要有高超的教学技巧，也就是说，要有新的校长素质观。言而有信，以身作则，严于律己，谦虚谨慎，虚怀若谷，这些都是非常必要的。要使学校形成一股合作、团结的凝聚力，靠的不仅仅是校长的权威，更多的则是需要校长的人格魅力，靠的是校长的个性修养。这就对学校管理者素质提出了更高的要求。有一句话说"其身正不令也行，其身不正虽令不从"，我想这也许就是对教育管理者最好的诠释。

作为一校之长，充分地认识和掌握学校管理的规律，建构一种科学的学校管理观非常重要。而校长的科学、明确、系统的学校管理观是校长实践活动的内在指导思想。只有在不断学习、认识、实践、总结的过程中，科学的学校管理观才会逐渐形成、巩固，并随着时代的发展而发展。

第二节
探索合作办学的管理模式

在开放教育提倡多元化办学的今天，校企合作教育是开放教育多元办学的一个必然选择，而且逐渐成为开放教育的重要组成部分。我国自改革开放以来，学校和企业积极开展校企合作办学，并初见成效。北辰小外作为合作办学管理模式的中小学典型代表，在其办学的过程中不断探索新方式、新方法，以自身发展情况为其他合作办学学校提供经验借鉴和思考。

北辰小外与传统中小学不同，是校企合作办学。这种新的办学模式决定了学校需要在办学路上不断探索，整合学校、企业的资源，在教育教学管理、人事管理、学生管理等方面进行合作，实现资源共享，优势互补。

北辰小外的筹建创办契合了京津冀一体化协同发展、北辰区作为天津市城市综合改革试验区、产城融合示范区建设等国家和天津市的重大国家战略部署。北辰区近年来经济快速发展，区位优势得天独厚，社会事业均衡发展，特别是注重对教育、卫生等民计民生项目的大力扶持。光华教育集团有致力于教育事业的情怀，办学实力雄厚，民办教育和国际教育经验丰富。学校充分发挥"天外"的特色与优势，利用小外和滨海小外的办学经验，集中优势教育资源，推动北辰小外又好又快发展，更好地服务天津的老百姓，让教育的成果惠及更多人。

2017 年 4 月 10 日，北辰小外合作办学签约仪式在北辰经济技术开发区举行。通过北辰区政府以及学校的各办学主体代表的发言，这种办学模式是在自愿平等、互利互惠的前提下，采取多种渠道实现合作办学的模式。这是一种资源共享、优势互补、协调发展，共同提高办学水平和办学效益，促进自身发展的办学模式。这种办学模式是当前我国教育发展的有效途径。它可以增加办学经费，缓解教育供给不足并补充政府教育经费的不足，并且可以和学校接轨，提高学校师资教学水平，有利于培养复合型人才。这种办学模式也是市场经济的必然要求。在市场经济的大背景下，社会主体还要遵市场的竞争规则。社会主体只有置身于竞争中才能得到更好的发展，教育事业也不例外。

社会主义市场经济条件下中国对教育的包办显得力不从心，无法实现竞争，使得教育缺乏活力，发展缓慢。在市场经济体制下，仍然采用传统的办学模式是无法实现社会对办学体制、管理模式及社会成员高素质化的要求，不利于我国教育事业的发展。而合作办学的模式正好可以为公办教育引进竞争机制，公办教育与民办教育形成竞争才能促进我国教育事业均衡发展，这是使我国教育事业良好发展的基础。

北辰小外通过积极建立健全校企深度合作办学模式，以打破产学研合作教育体制机制壁垒为抓手，拓宽校企合作办学领域，深化产学研合作内涵，充分调动校企合作各方产学研活动的参与积极性，从而促使各参与方充分运用自身优势资源，努力为社会培养出合格的各类卓越人才。

第三节
构建全新学校管理体系

　　人的可塑性与管理的可控性作为学校管理的基础和依据，决定了学校教育不能没有管理、学校管理不能弱化教育。所以学校管理的本质即包含了教育性质。不仅如此，新形势下学校管理的体系内容随时代的变化而更新，呈现出前所未有的新常态、新特点。为顺利应对基础教育改革的挑战，北辰小外的管理班子以新理念、新体系、新方法来管理好新时代的学校。

　　管理就是决策，尤其是人类社会进入 21 世纪后，社会生活方式发生巨大变化，科学技术迅猛发展，信息技术渗透社会生活的各个方面。民办教育的兴起，使公办学校面临新的挑战。这就要求学校校长在学校管理决策中，站在时代的制高点上，角度站高一点、思路放宽一点、工作做实一点、头脑清醒一点、措施具体一点、领导能力强一点、视野开阔一点、工作超前一点和眼光长远一点，在纷繁复杂的环境中果断而科学地决定学校运行中的重大问题，提高学校的知名度，为学校的发展注入新的发展动力，使学校能适应新形势下的发展。

一、组建团结、务实的领导班子

一位好校长，是办好一所学校的关键所在。学校就好比一个乐团，校长作为指挥员，能否调动起全体演员和谐地积极地发挥演奏水平，关系到演奏效果如何及听众对此的公正评价，带来的后果将影响到人们对它今后发展的支持程度。作为校长，我深知自己必须具备一定的工作能力：能处理好学校的各种关系，能知人善用，能审时度势，要抓好德育改革工作和教学改革工作，把握住正确的社会主义的办学方向；要尽量协调好家庭社会—学校的教育网络，能够合理地发挥出一切资源的教育功能。在一所学校，校长在学生的心目中的威望较高，因此我知道自己不仅要当好学生的表率，同样也要为教师做出表率。作为校长，为学校做出重大决策时不仅要有前瞻性，还要关注决策的民主性，充分发挥教师的聪明才智，群策群力。教师个个都是可以雕琢的宝石，关键看校长怎样去打磨；教师个个都是一座富足的金矿，重要的是看校长如何去开发。

二、管理之道在于用人

管理之道在于用人，用人之道在于重视人才、起用人才、爱惜人才、培养人才和教育人才，使人才不断成长成熟。各种人才运用得合理，教师的积极性、创造性就能充分发挥出来，调动起来。因此，作为校长，我带领学校努力营造一个平等、正气的宽松环境：不能求全责备，而应该用人之长，避其所短；要发展个性，鼓励冒尖并容忍错误；要怀着惜才的心，爱才之心，排除一切干扰，大胆地育才重才用才。

作为校长，必须培养一支能干、肯干、有奉献精神的教师队伍。为此，

我对于用人的问题也做出了实践和理论的研究。用人的问题解决了，管理秩序、管理方法、管理机制就水到渠成，自然而然地运行起来，管理目标、管理效益与效应也如瓜熟蒂落，达到最理想的境界。在新形势下，要为教师创设良好的工作环境和学习环境，以充分激发教职工的潜能。

作为校长，我的用人标准：理想要崇高，意志要坚定，知识要渊博，思维要敏捷，心地要善良，灵魂要美丽，语言要文雅，仪态要大方，感情要丰富，性格要开朗，胸怀要宽广，体魄要健全。

面对新形势，要有新思路，要出新举措。建立一套科学的管理方法，形成一个优秀人才能脱颖而出，公开、平等、竞争和择优录用的人事制度。学校实行校长负责制，结构工资制，岗位责任制，教职工聘任制，从而实现目标管理科学化和民主化。有了新的人性化管理方案，教师的创造力就会被调动起来，管理态势将由静态管理延伸为可调节的动态管理，将管理范围由校内延伸到校外，全方位的实现现代化教学开放管理。

同时，各种制度在执行中也要人性化、合理化，避免其人情化、极端化、私人化和专制化。因此，在管理中我更加注重灵活与合理相结合，使学校的各项管理工作建立在科学而有效的基础上。

最后，从小入手，以实着眼。新形势下，校长的工作应突出一个"实"字，就是要正视现实，讲究实效，脚踏实地，狠抓落实。工作中必须学会超前思考，早准备、早安排、早部署，把主动权牢牢地掌握在手中，同时要做到制度严、考核严、纪律严、督察严。实行主要领导负总责、亲自抓，分管领导负实责、具体抓，班子成员协助抓，形成一级抓一级，一级带一级，层层抓落实的工作格局，保质保量完成每一个阶段的工作。做到管理融情，情感互动，为新时期学校管理打下坚实的基础。

学校管理体系是学校系统的各个构成要素的有机结合方式，各要素之间存在严密的逻辑关系和操作要求，在学校改进中发挥着重要的作用。校长及相关领导班子必须坚持以人为本，在新形势下不断更新管理观念，创新管理做法，才能使学校的管理体制科学、高效、规范。

第四节
平安校园是学校建设之基

近年来，校园安全事故的发生频率有上升趋势，主要表现在校园意外伤害和死亡事故有所上升。中小学的校园安全事关学校教育教学工作的正常开展，事关学校和社会的稳定。当下校园安全建设已是加强学校管理的重要方面，关于校园安全的内涵和外延有着很丰富的衔接，主要涉及人身安全、食品安全、交通安全、防水、防火、防触电等许多方面，总的来说校园是人、财、物、校园文化综合的安全地方。学校是育人的场所，是求知者的乐园，为学生创造一个安静、和谐、健康、平安的学习和成长环境，是全体教职工共同心愿，这也是全社会和谐发展的要求。北辰小外为做好平安校园建设，采取了一系列举措。

一、强化法制观念，共建安全校园

党的十九届五中全会明确了"十四五"时期社会主义民主法治更加健全和到 2035 年基本建成法治国家、法治政府、法治社会的目标任务，对推进法治建设作出了具体部署。作为教育工作者，我带领全体教职工深入学习贯彻国家法治思想，从把握新发展阶段、贯彻新发展理念、构建新发展格局的实际出发，围绕建设社会主义法治国家中的平安校园目标，充分认识到法治校园建设事关师生安全，事关社会稳定，不断强化法治观念，落实责任、锤炼作风、细化标准、勤于监督，努力建设平安校园。

（一）不断提高政治站位

安全重于泰山，为此我们不断加强法治思想学习，切实提高政治站位，坚决落实安全责任制，强化主体责任，加大对学校安全工作的管理力度，切实做到党政同责、一岗双责、失职追责。在日常管理中，我把校园安全工作列入党组织重要议事日程，做到将安全工作和教育教学教研业务工作同规划、同布置、同检查、同考核、同问责，真正实现"两手抓、两手都要硬"，多面工作齐头并进。强化学校疫情防控责任主体，构建学校完善的安全责任传导链，及时建立班级—年段—处室—学校领导的逐级安全自查、隐患整改、信息报告制度，层层压实责任，狠抓整改落实，强化风险防控，从根本上消除学校安全事故隐患，坚决遏制重特大事故和校园疫情发生，确保学校安全稳定。

（二）不断锤炼工作作风

要抓好校园安全工作，高标准、严要求夯实工作作风首当其冲。为此，在作风建设上，我要求全体教职工始终秉持"严"字当头，严格遵守安全管理工作规章制度，严格落实安全工作职责规定，做到有章可依，有章可循。当前一项主要任务，就是要落实疫情防控，做到严之又严、细之又细。同时，学校教师要努力增强安全责任感，带头学习法律法规，增强依法施教意识，杜绝体罚辱骂学生行为，掌握意外事故防范对策和应急措施。要了解掌握少数特殊学生的思想动态，通过珍爱生命教育和耐心细致的思想工作，减少学生对安全意识的认知偏差，不断提高安全意识。

（三）不断细化工作标准

安全稳定是学校全面发展的首要前提，开展安全标准化管理工作是落实和发展学校安全理念的重要措施，是树立学校全面可持续发展思想的重要手段。作为校长，我们在日常安全管理工作中细化工作标准，以精善制度为前提，明细责任为基础，严格措施为保证，严抓落实为关键。我们坚持标准常抓不懈，警钟长鸣，切实打好安全工作保卫战，坚持"两逢三到位"：逢文必学、逢会必讲，人员到位、经费到位、措施到位，举全校之力，确保校园安全与稳定。通过制定疫情防控安全防范措施，我们切实规范检查指导流程，通过对学校重点人员、重点岗位、重点环节的规范管理，通过查缺补漏、细化标准、补足短板，使学校管理安全工作处于良好状态并得以持续改进，全面提升学校的安全管理水平和安全公信度。

（四）不断勤于安全监督

检查监督是确保学校安全措施取得实效的关键一环，是整治隐患、夯实基础的重要契机。为此，我们切实注重安全监督工作，特别是假期疫情防控安全，教育师生严格落实市里疫情防控规定，及时上报测温信息，确保安全防控工作"抓铁有痕，落地有声"，切实维护学校长治久安。平时注重抓好安全监督，推行学校、处室、年段、班级四级安全检查制度，通过多维度、高频次的安全检查，及时发现存在的安全隐患并予以整改，有效发挥法治固根本、稳预期、利长远的保障作用，确保各项安全措施取得实效。

二、平安校园建设案例

案例 1：消防宣传月活动

安全工作是学校各项工作的基础性。在全国消防宣传月，学校组织开展了以"关注消防、生命至上"为主题的消防宣传月活动，并组织了一系列、全方位行动，旨在立足于学校安全工作大局，做好舆论引导，强化正面宣传，积极推进学校安全教育和管理工作，为确保我校的良好教育教学秩序，为我校教育的科学发展，创设安全和谐的环境和氛围。

该系列活动之初，我带队深入细致地开展了一次消防安全大检查，在检查之后立即召开现场办公会，安排落实整改并明确负责人，形成跟踪机制。此次检查进一步完善了学校安全工作体系，不断加强学校安全防范意识和各项安全防范措施，进一步消除学校安全隐患，确保师生的生命安全。

当日，各班级利用班会时间，专门召开了消防安全主题班会，并开展火灾逃生演练。班会中学习了《学校应急疏散演练预案》以及消防知识和消防逃生技能，火灾逃生演练过程组织严密、紧张有序，学生用毛巾捂住口鼻，弯腰前进……学校将疏散逃生演习纳入常规教育教学工作中，为构建平安校园奠定坚实的基础。

此外，根据北辰区消委会统一部署，为增强全民消防意识，树立防火安全观念，北辰区消委会印发《火灾风险告知书》，学校在组织全体教职工传达学习之后，利用学校公众号全文转发了告知书的全部内容，并由班主任转发至家长群，扩大宣传范围，同时增强家长的火灾风险意识，保障学生居家安全。而在元旦、春节、元宵节和全国"两会"期间，针对冬季火灾特点，

以"防范火灾危险、关注消防安全"为主题，组织有针对性的主题宣传教育活动。利用班会、手抄报、宣传栏、电子显示屏、家长群、微信公众号或官方微博等平台，加强对师生、家长的消防安全教育，大力普及冬春季用火、用电、用气等防火常识和逃生自救知识。

安全工作的落实，并非阶段性的，而是一件长期的工作，我校以这次消防安全活动为契机，进一步健全安全工作各项规章制度，深化管理，努力杜绝校园不安全事故的发生，为师生创造安全和谐的工作、学习和生活环境。

案例 2：安全生产月活动

根据北辰区教育局工作通知精神，按照北辰区安委会办公室、北辰区应急管理局的文件精神，学校以"消除事故隐患，筑牢安全防线"为主题，开展安全生产月活动。

活动以开展食品卫生安全、传染病预防、防溺水安全和心理安全为重点的安全知识宣传教育活动，旨在增强师生安全防范意识，及时消除安全隐患，在此基础上进一步完善学校安全管理制度，形成严密的学校内部安全管理责任体系。

在活动中，学校首先开展以防溺水、防震减灾、食品卫生安全、防流行疾病传染病、交通事故、防校园暴力为重点的安全宣传教育活动，增强师生安全防范意识。充分发挥值周教师、党员教师的作用，保障校门口及周边环境的安全。

其次，组织开展校园安全大检查，及时消除安全隐患。根据有关学校安全工作会议的要求，对学校周边安全现状进行分析、讨论，并进行一次安全隐患大排查，对涉及校舍安全、饮食卫生安全、防火防电的安全及教育教学设施设备安全等各方面进行全面排查，及时发现隐患，建立隐患排查台账，落实安全隐患整改制度，确保学生的生命安全和健康成长。

最后，进一步完善学校安全管理制度，追加学校安全管理措施。根据上级部门的相关精神，结合本校实际及当前工作特点，进一步完善各项安全管理制度，明确和充实工作岗位安全责任内容，将学校每个岗位的安全责任逐条细化，分解落实到人，严格实行责任追究制度，形成严密的学校内部安全管理责任体系。

案例3：冬春火灾防控工作方案

为认真贯彻落实区委、区政府、北辰区教育局关于冬春火灾防控工作精神要求，切实加强我校冬春季节火灾防控工作，全力维护本校消防安全形势稳定，按照《北辰区教育系统冬春火灾防控工作方案》文件精神和部署，本校决定在全校范围内开展冬春火灾防控工作。

在活动开展之初，学校火灾防控领导小组推动持续开展消防安全专项治理工作。加强对过渡校区所属校舍场所的火灾隐患排查治理，建立整改台账，针对突出问题和薄弱环节，组织开展专项治理。班主任为本班安全管理工作的第一责任人，对本班安全工作负领导责任，要经常性地开展班级安全检查，形成安全台账，了解班级安全"底数"，做班级安全"明白人"。总务、安全等部门以及相关岗位人员要进一步细化安全检查制度，规范检查路线、频次、专题主题等，将学校安全管理做到心中有数、数中有账、账中有底。

在传统节日及重要活动前期，学校还开展重要节日专项行动。围绕元旦、春节、元宵节和天津市及全国"两会"等重要节点，重点加强教室、活动室、办公室、财务室、强弱电井、消防栓等重点部位的消防安全管理，扎实做好重要节点消防安全工作。此外，以"防范火灾危险、关注消防安全"为主题，组织有针对

性的主题宣传教育活动。针对冬季火灾特点，利用班会、手抄报、宣传栏、电子显示屏、家长群、微信公众号或官方微博等平台，加大对师生、家长的消防安全教育，大力普及冬春季用火、用电、用气等防火常识和逃生自救知识。

此外，在活动中我校持续推进电气火灾综合治理，在自查自纠的基础上，开展督导检查，对检查中发现的问题及时督促整改。进一步健全用电安全日常管理制度，全面推进电气安全管理制度化、规范化。

案例4：网络安全宣传周活动

网络安全为人民，网络安全靠人民。为进一步增强我校师生网络安全意识，提高网络安全防护技能，按照上级部门总体安排，结合我校安全工作计划，我校开展了"网络安全为人民，网络安全靠人民"的网络安全周活动，积极组织全体教职员工学习"国家网络安全宣传周"学习资料与《中小学幼儿园安全管理规定》中网络安全相关章节。同时利用课余时间组织教师们观看宣传学习海报与网络安全周的标语，对全体教职员工普及了网络安全知识，进一步明确学校网络安全责任制与学校网络安全管理要求，增强了网络安全自我保护意识，提高了网络安全问题甄别能力，培养了教师们绿色上网、文明上网的良好习惯，构建了和谐教育系统安全健康的网络育人环境。

案例5："隐患就是事故，事故就要处理"活动

为了深入贯彻落实习近平总书记关于安全生产重要论述精神，牢固树立"隐患就是事故，事故就要处理"理念，进一步落细落实学校安全管理工作，进一步加强领导、完善管理制度，杜绝学校安全方面的恶性事件发生，确保学校教育教学秩序的正常进行，根据区安委会关于印发"关于开展'隐患就是事故，事故就要处理'专题教育活动方案"文件精神，结合学校安全工作

计划，我校开展了学习交流活动和校园安全自查排查工作。

我带领领导班子与教师从保障学生身体健康和生命安全、保证学校正常教学秩序、维护社会稳定大局的高度，充分认识此项工作的重要性、紧迫性和长期性。第一时间组织各层级召开专题会议动员部署，确立学校教育"安全第一"的思想，把安全工作的要求和措施落到实处。按照通知精神和要求建立了以校长为第一责任人的安全工作领导小组，做到分工明确，职责落实。学校与全体教职工签订了本学年安全责任书，明确责任与义务。在此基础上，学校加强对安全工作的指导与监督。制订重点部位，楼道、厕所、操场值班、值校制度，做到"学生在、教师在，教师在、学校领导在"。

此外，我们亲自参与、亲自督办，带领各职能部门，年级组进行了全方位、拉网式、地毯式自查，重点对学校校舍、消防、交通、校园周边环境整治等校园安全情况进行了认真检查，做到排查无死角。

最后，依照本次活动安排及学校教育教学情况，我校落实安全教育纳入教育教学计划，将安全教育融合班级会，同时利用活动课、学科渗透等途径，通过讲解、演示和训练，对学生开展安全预防教育，使学生接受比较系统的防交通事故、防触电、防食物中毒、防病、防火、防盗、防震、防溺水等安全知识和技能教育。还利用学校广播、张贴标语等宣传工具及举行讲座、知识竞赛等形式开展丰富多彩的安全教育。

安全工作的落实，并非阶段性的，而是一件长期的工作，北辰小外以系列安全活动为契机，进一步健全安全工作各项规章制度，深化管理，努力杜绝校园不安全事故的发生，为师生创造安全和谐的工作、学习和生活环境。

第五节
加强校园环境建设的招法

校园环境是学校的重要组成部分，是反映一所学校校风、学风乃至物质文明、精神文明建设总体水平的重要窗口。北辰小外在校园环境建设当中自有一套招法，绿色、文明的校园环境广受师生家长称赞。正如美国教育家勃莱森所说："任何一所学校环境都在默默地对学生们发表演说，而且人们的确会注意它，在不知不觉中接受熏陶和影响。"建设绿色校园不仅是美化校园环境的重要手段，还是学校实施素质教育的重要载体。

所谓"绿色校园"是指在实现其基本教育功能的基础上，以可持续发展思想为指导，在日常管理中吸纳有益于美化环境、和谐自然的各项管理措施，充分利用校内外一切资源和机会全面提高师生环境素养、人文素养。绿色校园的内容一般包括三个方面：一是绿色理念，指在学校发展过程中，以可持续发展思想为指导，实现现代文化与生态环境的有机结合；二是绿色文化，指营造一个"人人具有绿色意识、诚信达礼、遵守公德、互助互爱"的健康向上的精神文化氛围；三是绿色环境，指实施绿色环保措施，建设优美的教学、生活环境，给予师生以美的享受和正面的、积极向上的感染与重阳。其中，绿色理念是核心，绿色文化是灵魂，绿色环境是基础，三者不可分割。

学校绿色生态校园建设工程，以生态和谐理念，优化育人环境、培育生态文明意识为宗旨，以"校园环境园林化、校内道路林荫化"为目标，坚持环保、美观、经济、适用原则，做到"校在园中、园在校中"，为全面推进素质教育服务。在工作中，北辰小外将"校园环境园林化、校内道路林荫化"通盘考虑、统一规划，聘请绿化专家设计《绿色生态校园建设规划平面图》，纳入学校总体建设规划。充分利用原有地形、地貌、水体植被、建筑和历史文化遗址等自然、人文条件，选用适合当地自然条件的树木花草，突出教育主题，体现出本校特点。

在现行管理体系的基础上，不断完善健全已有的各项环境教育工作，通过制定计划、采取措施、检查纠正和总结提高的管理模式，并适当强化机构建立、组织培训、完善教学资源、建立绿色档案、共享相关信息等环节，科学系统地推动创建活动的开展，使创建绿色校园活动与现有的管理体系相协调。同时，要求学校领导、中层干部、全体教职员及学生根据各自的职责与分工不同参与其中，为推动创建活动的开展，发挥各自的作用；同时鼓励家长、专家、社区、媒体及有关人员的积极参与。

在教育教学活动中，学校组织相关教师，为学生开设绿色教育讲座，使学生系统地接受生态环境教育理念。将可持续发展的思想和观念，特别是环保意识融入教育的相关要素之中，使之成为学生的知识结构和综合素质的组成部分。引导学生追求人性化、人与自然和谐的生存生活方式，逐步理解与资源和环境相协调的社会经济发展方式。成立绿色志愿者协会，开展绿色校园宣传活动和多种形式的护绿清污志愿活动。开展"爱我校园"为主题的征文活动、建设绿色校园为主题的金点子征集活动，利用植树节、地球日、世界水日及世界

环境日等纪念日，组织师生开展种植寝室树、班级树和毕业树等活动。

此外，通过加强宣传教育，提高师生员工的绿化、环保意识。通过板报宣传、组织寝室文化节等方式，宣传节能环保，人人都能从身边做起，养成不乱丢、乱扔的习惯，并在适当时间组织员工和师生进行"给玻璃洗脸""清洁屋内瓷砖""你丢我捡"等保洁活动。广播站开设绿色校园栏目，每周定期广播环保知识、美化校园信息以及与绿色校园建设有关的活动。校报经常刊登绿色环保教育文章、报道绿色校园活动内容。宣传窗和黑板报定期刊出以绿色、环保、卫生健康教育为主题的内容和图片。每年开展一次以绿色校园建设为主题的海报创作和展示活动。

加强校园环境建设，有助于增强学校师生对环境问题和可持续发展思想的统一认识和全面理解，提高师生的环境素养及自然和谐理念；有助于美化校园环境，给学校师生创造一种优美的工作、学习和生活环境。让师生在优美的环境里得到美的熏陶，以约束自身的不环保、不卫生、不文明行为，提高学校师生的综合素质；有助于促进学校环境管理体系和相关档案资料的规范，提升校园环境的层次；有助于通过师生带动家庭、社区、社会重视环境建设，促进与社会、政府、企事业单位和民间团体在学校环境教育和管理上的合作；有助于提高学校在社会上的声誉和形象，扩大学校的知名度和美誉度，进而有利于学校的长远发展。

优美的校园环境蕴含着极强的德育功能，能够在耳濡目染、潜移默化中感染人的情绪，陶冶人的情操，提升人的境界，净化人的心灵，从而达到培养一代新人的目的。北辰小外通过一套组合拳高效、强力地建设出具有校园特色、符合学校办学目标和办学理念的良性校园环境。

第四章

合 力 划 桨

——培养德业双馨教师

　　对于一所学校来说，校长是船队的船长，是掌舵者；而教师就是大副，是执行者。教师是学校的教学主体，是与学生最直接接触的人。可以说，教师是影响学生一生的人之一。因此，学校十分重视教师的选聘和培养，旨在培养德业双馨、心中有学生的好教师。

第一节
从教师职业梦想说开去

古人云："师者，所以传道授业解惑也。"教师是一个神圣而伟大的职业，肩负着培养祖国人才的重担，在如此关键的位置，教师的职业理想就显得非常重要。执教三十载，是梦想驱动着我坚持在教师岗位上默默耕耘。

作为教育工作的核心人物，教师承载着传授知识、启迪思维、完善人格、传承文明、发育自身的神圣使命。他的行为举止、个性特征不仅影响一代代的学生，也影响着社会。良好的师德要求教师"敬业爱岗、热爱学生、严谨治学、为人师表"，这既是师德的规范，又是教师个人良好品质的体现。只是在如今这个物欲横流的时代中，教师如果要"正其身"，就要有一份高尚的职业理想。它是教师献身于教育工作的根本动力，也是教师有高尚师德的支撑点。

一、不忘初心，砥砺前行

2020年9月，我的从教生涯满三十年。三十年来，我从未想到过转行，也从未改变"小外"情缘。

"小外"建校近六十年，具有独特的与国际接轨的培养目标和育人模式，

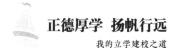

"小外"的育人文化滋养着一代代学子和教职工。身为"小外"的一名教师，我终生折服于此，我的职业梦想也开始于此：第一阶段，立志做一名优秀且勤奋的教师，培养每一名学生；第二阶段：立志做一名勤奋的管理者，为学校教师学生做些实事，助推他们实现梦想。

经过30年的不懈努力，我的职业梦想至今应该算是基本实现了——"小外"发挥越来越大的社会作用，让更多的百姓子女受益；"小外"学子遍布全世界，而且多数是精英，他们远远超越了教师。

每个人选择职业时，拥有职业梦想会起到至关重要的作用，这个梦想应源于职业性质，而不应源于职务高低。我们是国家颁证的义务教育的学校，做的是基础教育，一切工作都源于"人"：我们培养人，我们塑造人，我们时而鼓励和赞美，时而批评和失望……一切情感的牵动皆源于人。"贤者狎而敬之，畏而爱之。爱而知其恶，憎而知其善。"教育的过程中也存在着客观公正，因此社会和职业性质对"教育者"的要求是很高的。

北辰小外是"小外"家族中的新星，有着不可限量的前景，目前的我们是极其重要的第一梯队。十几名教职工是精挑细选的，本着宁缺毋滥的原则，我们有着共同的职业梦想：让我们的学校站起来、走起来、跑起来、飞起来。当然这个过程中会成就勤奋的学生，实现学校、学生和教职工的共赢。勤奋是不二法门。

回顾过往，便于厉新。从职业梦想说开去，可以延展到更为深远的地方，北辰小外将会在新的时代背景下，继续书写身为教育工作者的光荣与使命。

二、教师职业梦想说开去

教师是一个神圣而伟大的职业，担负着培育祖国人才的重任，对祖国的富强起着极其重要的作用，是孩子幸福的引路人，在每一个孩子的心目中，教师都一直充当一个最亲切、最智慧、最伟大的角色，被誉为人类灵魂的工程师，是天底下最光荣的职业。毫无疑问，教师这一职业是神圣的，它肩负着传道授业解惑之重要使命，是其他任何职业都无法取代的，且关乎国家及民族的兴衰，自然值得我们倍加珍视。中国是个文明古国，几千年来一直重视教育，从孔子周游列国、广纳门徒，到隋朝开设科举、招才纳贤，无不显示了我们中华民族是个懂教育、会教育的民族，也正是因为这个，泱泱中华才能创造辉煌的文明，将文明之火几千年不断地传承至今。

由于教师的职业是"最能为人类福利而劳动的职业"，教育工作对于推进人类的文明进步，推动社会经济发展，促进民族的振兴富强具有十分重大的意义。因而教师从事的是最崇高的职业，或者说是教育事业，事业不同于职业。教师只有把职业提升为事业，树立高尚的职业理想，才会在平凡而崇高的教书育人中取得非凡的成就。因此，教师这一职业是对未来的职业目标的向往和追求，它可将教师追求的远大目标和平凡的职业生活联系起来，从而产生一种巨大的精神力量。

作为一名教师应该树立职业理想，并坚守理想以塑造良好的形象，在自己的岗位上通过出色的工作为人类社会的进步发展做出自己应有的贡献。

首先，要成为一名合格的教师，除了过硬的学术知识，更要有过硬的道德修养，在传授知识的同时，潜移默化中给予学生做人的态度，传达着有关

人生观世界观价值观的教诲。所以古人才会将传道放在师者的首位。作为教师，首先就应该是心身健康，在教育教学中，教师的思想、行为、作风和品质，每时每刻都在感染、熏陶和影响着学生，有的甚至会影响他们的一生。

俄罗斯教育家乌申斯基认为：教师的自身形象对青少年心灵的影响是"任何教科书、任何道德箴言、任何惩罚和奖励制度都不能代替的一种巨大的教育力量"。这说明教师的职业劳动是塑造灵魂的劳动，榜样的力量不容忽视。当前，随着我国教育整体水平的提高，特别是随着基础教育改革的不断深化，以及基础教育课程改革的逐步启动，我国教师队伍的质量与全面实施素质教育的要求的差距明显地表现出来，而教师的职业理想却起着扭转局面的决定性作用。汉代学者杨雄认为：师者，人之模范。

作为教育的主导因素，教师施教于人，对学生起着影响外因、改造内因的作用。其自身的行为规则以及其主观能动性直接作用于学生，使主体发生变化。所以教师是时时刻刻地以一种被模仿的形象存在。教师若不能在学生中树立起高大的形象，自然也无法成为"人之模范"，更何况"以德育人"。己身不正，焉能正人？从这个意义上来讲，师德是教育的一个根本。正如孔子所说的："其身正，不令而行，其身不正，虽令不从。"这说明如果要求学生做到的，教师自己首先应该做到；如果要求学生不能做的，教师自己先要坚决不做。只有处处为学生当榜样，事事为学生做表率，严于律己、以身作则，才能使学生"亲其师，信其道"，收到"不令而行"的效果。

其次，教师要树立把教育工作做成神圣事业的职业理想，确立以人为本的理念，促进为学生全面和终身发展而工作的基本职业理想的形成。教师的工作，平凡中蕴含着伟大，辛苦中潜存着幸福。教师要把教育工作作为神圣的事业去追求，建立起只要勇于实践，勤于积累，通过辛勤的劳动定会成为优秀教师的信心，发扬艰苦奋斗、埋头苦干的精神，在实践中追求教育的成功和幸福。在教育教学的过程中，要积极地观察每一个学生，认真地倾听每一个学生的发言，设身处地地感受学生的所作所为、所思所想，尽量使自己具备学生的心灵，走进他们的情感世界，去体验他们的感觉，这样便会有惊人的奇迹出现。师生会立刻变成朋友；学校立刻成为乐园，谁也不觉得你是教师，你便成了真正的教师，这样的教育才最能奏效。所以，教师要突出以人为本的思想理念，把促进学生的终身发展，促进学生健康主动、全面的发展，作为自己最基本的职业理想。

再次，以高度的教育责任感促进正确的职业理想的形成，真正做到爱岗敬业，教书育人，精业勤业，廉洁从教。爱岗敬业是教师职业精神的重要内容，它既是教师坚持为人民服务的宗旨、具有高度的政治责任和职业责任的具体体现，也是教师实现自身价值，追求人生幸福的最现实、可靠的途径。教师要热爱教育事业，树立坚定的事业心，安心从教，甘受清贫，就能换来精神世界的富有；不为名利，甘为人梯，迎来的是桃李满天下的金秋。人的一生应该有个明确的目标，为了理想而奋斗，虽苦但乐在其中。时时处处以大局为重，热爱教育事业，关心学校的发展，这是每个教师都应具备的素养。

在实际工作中，珍视为人师表的这份荣耀，时时处处严格要求自己，才能赢得学生的爱戴，家长的信赖和领导的认可。教师要坚持正确的教育思想，因材施教。教书是育人的基本途径，育人是教师教书的根本宗旨，教师只有坚持正确的教育思想教书育人，才能全面地贯彻教育方针，认真实施好素质教育，全面提高学生的素质，培养出大批适应时代发展的合格人才。教师必

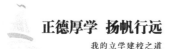
须不断充实和完善自己，才能适应时代变化发展的需要。同时教师还要加强自身的专业学习，敢于探索，积极参加社会实践活动，进一步提高自己的教育教学能力，以达到较高的业务水平。此外，在工作中，教师还得踏踏实实，不好高骛远，刻苦钻研教材，虚心请教，经常做自我反思，在反思中求成长、求进步，并坚守高尚的情操，传承和发扬奉献的精神。乐于奉献，是人民教师的精神支柱，以为学生服务为最高目的，以培育青少年成才成人为最大责任，不计报酬，淡泊名利，乐于献出，不重索取。

最后，要争做创新型教师，严谨治学，积极反思，与其他教师精诚合作，强化职业精神，促进有高度的职业理想的形成。在知识社会里，人类知识总是急骤增长，知识陈旧率越来越快，因此必须时时更新知识。生有涯，而知无涯。每一位教师都应审时度势，把握时代发展的脉搏，树立终身学习的观念，将朴素的"活到老，学到老""学习、学习、再学习"的思想贯穿在日常工作、生活中，向书本学习，向实践学习，不断提高自己的专业素养。争做创新型教师，善于吸收最新的教育科技成果，将其积极应用于教学中，并且能有自己独特的见解，从中发现行之有效的教学方法，以不断推进教育、教学创新措施的落实。从自己的教育教学实践中得出一点有效的经验和反面教训，学会反思，注重积累一点一滴的经验，不断地总结，不断地发展，使自己逐步向创新型教师迈进。

同时努力做到与其他教师真诚合作，确保信息资源共享，并在工作中虚心听取别人的意见和虚心向别人请教。在和谐的氛围中共同研究、共同进步。另外教师应把职业责任在思想上的承认和自觉认同，转化为认真履行的道德义务，落实到教师的全部实际行动中，真正做到热爱学生，对学生全面负责，坚持教育对学生负责、对家长负责和对社会负责、对事业负责的一致性原则。

依托生命，激扬生命，教育就可以享受生命的神奇，使传承和发展文明的事业呈现良性发展状态，教师这一职业是神圣的，但教师绝不是神，被神化只能多了盲目少了理性，多了压力少了从容。因为我们选择了教师这一职业，只有不断地精进提高，用心地审视自己、审视自己的学生、审视自己和自己的学生日复一日地共同进行着的教与学的活动，如此才能夯实职业理想，也才有可能在教育中激扬生命。我们应在教育的广阔天地中挺起那深深嵌在脊背上的责任，以一腔热情铸成教育改革奔腾的血液，坚守自己的职业理想，以怀瑾握瑜浸染学生的心灵，以博闻强识熏染学生的才智，塑造良好的教师形象，奏响教育创新与进取的交响，一路高歌远航。

教师工作平凡中蕴含着伟大，辛苦中潜存欢乐。要把教师职业作为神圣的事业去追求，既要在确定职业时处理好个人志趣同社会需求两者之间的结合与统一关系，又要处理好职业定位与个人才能的关系，建立起只要勇于实践，勤于积累，通过辛勤劳动定会成为合格教师的信心。还要树立正确的苦乐观，发扬艰苦奋斗、埋头苦干精神，在实践中追求成就。

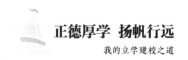

第二节
"又红又专"的教师是学校栋梁

教育的工作之所以神圣而伟大，因为它是塑造人类灵魂的工作。教师的世界观、人生观、价值观将对学生心灵的塑造产生深远的影响，因为"你要教育学生成为什么样的人，你自己首先就要成为这样的人"。教师思想政治素质的培养是一项艰巨复杂且长期的工作，北辰小外在实际工作中树立"又红又专"的教师培养方向。

《礼记·学记》有云："建国君民，教学为先。"由此可知，国之大事，首推教育。一个国家、一个民族，如果不把教育放在首位，那谈何国家之发展，谈何民族之未来。只有开民智、兴教育，提高全民族的素质，才是民族生存之根本，中华强盛之源泉，因此教育实乃强国富民之本。古时又有"治国以教化为先，教化以学校为本"之说，因此要办好教育，学校是首当其任，而作为肩负教育使命的人民教师中的一员，我们就必须义无反顾地担当起这份任重而道远的责任。作为学校的主导者——教师，我们应该从自身做起，又红又专，方可以身作则。

一、习近平总书记"又红又专"思想的新内涵

"又红又专"首先是毛泽东在 1957 提出来的，1958 年 1 月他进一步论述了"红"与"专"的辩证关系，他说："政治和经济的统一，政治和技术的统一，这就是'又红又专'"。此时的"红"是一个政治概念，主要是指无产阶级的阶级属性，社会主义的基本立场和坚定正确的政治方向；"专"主要是指学习和掌握专业知识和技能，精通业务和技术，"又红又专"就是要成为"有社会主义觉悟的有文化的劳动者"。邓小平在继承毛泽东"又红又专"思想的基础上，对其进行了发展。他指出："一个人，如果爱我们社会主义祖国，自觉自愿地为社会主义服务，为工农兵服务……按政治标准来说就不能说他是白，而应该说是红了。"这里"红"也是一个政治概念，是指热爱社会主义国家，坚持四项基本原则。"专"是指有良好的科学文化素质和业务能力。结合青年教育他把"又红又专"的要求具体化了，即培养"四有"新人，其中有理想、有道德、有纪律就是对"红"的要求，而有文化则是对"专"的要求。

随着改革开放，"又红又专"逐渐淡出了人们的视野，高层讲话中也很少提及这个词。2016 年，习近平致信祝贺清华大学建校 105 周年时重提"又红又专"。此时的"又红又专"是对毛泽东、邓小平当年所提的"又红又专"的丰富和发展，在新时代下具有新的内涵。此时的"红"不仅是一个政治概念，不仅强调我们要坚定马克思主义信仰和共产主义理想，拥护党的领导，热爱社会主义中国，更强调在新时代下要以德为先，加强道德修养，提升道德素质，认同并积极践行社会主义核心价值观。

二、习近平总书记重提"又红又专"的必要性和重要性

以习近平同志为核心的第四代领导集体重提"又红又专"是基于国家发展、社会进步、教育改革和新时代人才培养等多方面综合考虑的结果，是当今时代的要求，具有重大的现实意义。

（一）应对复杂的国际局势，提升中国话语权的需要

随着改革开放的进行，中国的综合国力日渐增强，这引起世界对中国广泛关注的同时，也引起了一些国家的恐慌，他们一边鼓吹"中国威胁论"，一边妄图分化、西化中国。随着经济全球化的深入，国与国之间的联系增强，交流更加密切，尤其是网络新媒体的发展，使得这种价值输出更为隐蔽，形式更加多样，影响范围更大，极大地冲击了学生的价值观教育，为此我们要高度重视学生价值观教育，积极提升中国的文化话语权，加强对学生的引导与教育，习近平正是基于这样的国际环境对学生重提"又红又专"。

（二）应对教育改革，提升教育效果的需要

随着时代的进步，社会的发展，教育事业也要不断变革。当前教育改革取得了一系列成果，但是仍然存在重理轻文、重智育轻德育、重知识传授轻人格塑造的现象，这影响了学生的全面发展，制约了教育效果的提升。

（三）帮助明辨是非，给正确价值引导的需要

面对世界的深刻复杂变化，面对信息时代各种思潮的相互激荡。面对纷繁多变、鱼龙混杂、泥沙俱下的社会现象，面对学业等多方面考虑，学生由于阅历不深、经验匮乏常常不知所措、不明是非，功利思想过重，实用主义盛行，出现了一些道德滑坡现象和偏离主流价值的事情，急切需要国家重申

主流价值，明确孰是孰非、孰荣孰辱。习总书记此次重提"又红又专"，无疑是从国家层面为学生的价值选择指明了正确方向。

三、你追我赶，争做"红专"教师

习近平同志重提"又红又专"，这里的"专"还是指科学文化素质和专业知识，这里的"红"在新的时代最主要的就是坚持立德树人，加强学生道德修养，提升学生道德境界，引导青年认同和践行社会主义核心价值观。为此，贯彻习近平"又红又专"思想，既是身为人民教师的基本要求，也是教育的应有之义。

（一）旗帜鲜明地把坚定正确的政治方向放在首位

学校青年教师人数较多，在对青年教师进行业务培养的同时，要进行思想政治教育，要有计划地组织他们参加一些社会实践，了解国情、民情，使他们在实践中得到锻炼，在政治上尽快地成长起来。根据青年教师思想比较活跃的特点，学校结合具体情况，认真开展青年教师的思想政治工作。本着正面引导、联系实际、自我教育的原则，采取了听报告，参观访问与座谈讨论相结合的方法，取得了较好的教育效果。通过学习马克思主义理论，学习党的路线、方针、政策，对他们进行爱国主义、集体主义、社会主义和革命传统教育，提高他们的思想政治水平。

（二）在日常教育教学工作中加强对教师的思想政治教育工作

学校实行青年教师导师制。由一名老教师担任若干名青年教师的导师，在思想和业务两方面具体指导、帮助，提高青年教师的全面素质。导师的职责是在思想上帮助青年教师，通过言传身教和具体帮助，培养青年教师教书

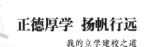

育人、为人师表的良好风尚，帮助他们提高思想认识，确立正确的政治方向。我们要求青年教师定期向导师汇报自己的情况，认真接受导师的指导，虚心向导师学习，做一个合格的人民教师。

为了使青年教师在管理和思想政治方面的工作逐步科学化、规范化，学校制定了一系列规章制度。教师队伍思想政治上的教育和培养，固然要靠大量深入细致的思想政治教育，但必须使思想政治教育与规章制度结合起来，进行严格的要求和管理。

教师队伍思想政治教育工作并非一朝一夕的报告说教就能完成，在学校长期的、反复的、耐心细致的思想政治工作中，开展了多方位、各角度的活动，以端正教师思想，将"又红又专"的培养方向落到实处。我校党支部、工会、共青团在这方面也发挥了独特作用。

第三节
加强师德建设的举措

　　教师的师德师风反映了教师在职业活动中的态度和行为，本身就是一种教育，是一种无形的和巨大的精神力量，具有明显的示范性特征。教师的师德修养是内功。只有将"为人师表"转化为内在需要时，教师才能不断完善自己。北辰小外在实际培育工作中多措并举，致力于培养高标准、严要求的新时代教师队伍。

　　教师的思想政治素质和职业道德水平，直接关系到教育事业的成败和民族的未来。师德建设，提高教师的职业道德素养，对于全面提高教育质量、办人民满意的教育，具有十分重要的意义。因此，教师要不断加强师德修养，自觉增强职业荣誉感、历史使命感和社会责任感，以培育优秀人才、发展先进文化和推进社会进步为己任，站在时代的前列，树立高尚道德情操和伟大精神追求，甘为人梯，身体力行，"敬业、精业、乐业"，努力做受学生爱戴、让人民满意的教师。

　　在制度层面，学校以党的十九大精神为指导，贯彻落实《中小学教师职业道德规范》和《教育部关于进一步加强和改进师德建设的意见》，以教师职业道德规范为准绳，以更新师德观念、规范师德行为、提升师德水平为重

点，以创优争先为统领，以"敬业爱生、教书育人"为核心，进一步深化师德建设，提高师德素质。

为加强师德建设，学校实行校长负责制。我们成立学校师德工作考核小组，公平、公正、公开地做好考核工作。学校办公室做好师德档案建设工作，教师按要求准时参加学校统一安排的活动，撰写学习笔记，认真学习我校师德师风建设制度，自觉遵守并主动接受监督。

在具体措施当中，我们主要通过两个方面的努力来强化师德师风建设。

一、加强领导，强化师德建设观念

学校把师德建设工作摆在首位，定期召开会议，统一思想认识，增强抓好师德建设的责任感和紧迫感，提高活动效率。做到师德教育经常化、制度化。集中学习与平时学习相结合，集体学习与个人学习相结合，每学期保证安排不少于六次集中学习师德规范的活动，并举行与师德建设相关的讲座。注重师德建设工作的分层管理，抓两头带中间，确保学校师德建设工作健康稳步发展。对于工作热情高、爱岗敬业、爱校胜家、爱生如子的教师要适时给予表扬鼓励；对于工作尚缺乏经验的教师，经常过问、指导、提醒，使他们迅速成长起来。注重师德建设工作的过程性管理。

二、加强学习，提高职业道德素养

广大党员、干部、教职工要深入学习党的十九大精神及《中小学教师职业道德规范》（以下简称《规范》），全面准确理解《规范》的基本内容。学习《中华人民共和国教育法》《中华人民共和国教师法》等法律法规和文件。坚持立德树人，学习党的教育方针，要求教师将自己为教育事业奋斗终身的理想与实现中华民族伟大复兴之梦相结合，共谋学校发展。

教师强化终身学习意识，活到老学到老，不断适应社会发展变化的需要。教师除掌握好专业知识外，还要积极参加进修深造，从而在理论上和实践活动中进一步提高能力，以适应素质教育发展的需要。党员要发挥先锋模范作用，开展好"创先争优"活动。学校强化师德教育培养，树立师德典型，大力宣传校内先进，通过身边的人和事，教育、感动和影响身边的人，大力弘扬正气，使全体教师学有榜样，赶有目标，努力营造我校重师德和强师德的浓厚氛围。定期开展问卷调查，对教师师德、育人工作情况进行问卷调查，通过调查写出学生、家长的反馈意见。

北辰小外的师德建设最大限度地激发了教师的工作热情，赋予他们足够的工作自主性，同时严格要求其个性修养，使广大教师能适应未来社会和未来教育的要求，使他们成为道德优、知识专、思想新的一代教育工作者，从而使学校教育迈上一个新的台阶。

第四节
探索"三支队伍"成长途径

在教育教学改革新形势要求下，北辰小外确立要走特色化发展之路，不断更新教育教学理念，创新管理思路，探索新的管理方法。紧紧围绕"三支队伍"建设为主线，不放松安全意识和服务意识。"三支队伍"建设工作取得了长足进展。

学校的发展离不开"三支队伍"即管理队伍、教师队伍、德育队伍的建设。只有将这"三支队伍"建设好，才能为学生营造一个良好的学习环境、学习氛围，让学生在教师的言传身教下成长为德智体美劳全面发展的复合型人才。因此，学校一直积极探索"三支队伍"的建设途径，意图做到抓好管理队伍、提高教师素质，建好教师队伍、重视德育队伍的建设。

一、抓好管理队伍

（一）以教师为本，做好学校的管理工作

从发展的角度来看，学校的一切工作都是为了学生的发展、教师的发展和教育的发展。可以说，管理就是发展。而学校管理的主要对象是教师，学校的教育目标和一切教学活动都要通过教师才能得以实现和完成。因此，在学校发展中，我们应以教师为本，做好学校的管理工作；同时，优秀的教师才是学校发展的根本。

（二）正确做好"管"与"理"的工作

作为校长，我深知在管理队伍的时候，不仅重管，更要重理。教是为了不教，管也是为了不管。要让制度硬管理在学校管理中逐渐隐退。这样，学校的精神文化、共同的价值观、团队精神等就会成为教职工的最高领导。心理学告诉我们，人性中最深切的心理动机，就是渴望被人赏识，即人都有被重视的欲望。这种欲望一旦得到满足，工作积极性就会提高。在实践中我得出一个经验，那就是作为校长，应该用自己的事业心唤起教师的事业心，用自己的责任感激发教师的责任感，起到引领作用。

校长引领的最终目的是让教师处理好各种矛盾、规划好专业发展、正确看待学生的言行，从而使其心情舒畅地工作。作为一名教育工作者和学校领导者，队伍管理的过程中重点关注如何理顺教师与学生、校长与教师、教师与学生家长等各种关系，让自己与教师相互理解、师生相互关爱、教师与家长相互尊重，形成其乐融融的和谐校园，这也是"理"的最高目标。

（三）校长在学校管理中担当的主要任务

校长要在管理实践中负责出思想，明思路，培养一支具有较强执行力的干部队伍。要让中层干部、班子成员人人有事干，责权到位，作为校长的我就必须懂得适时放权，充分调动各岗位负责人的积极性，该放手时就放手。

我相信90%以上的事情别人比自己做得更好，要集中精力做大事，出思路、作决策、谋发展，不必在细枝末节上耽误工夫。要充分发挥各管理人员的能力与水平，根据他们的能力和特长，合理安排其岗位。这样，才会使班

子之间更加和谐、团结，共同谋划学校发展。

二、提高教师素质，建好教师队伍

教师队伍管理要解决的问题说到底是如何提高教师的业务能力和工作积极性。一所学校如果没有教师的辛勤工作和有效付出，就不会办出人民群众满意的教育。为此，学校在评价教师时，要注意以激励为主，重在扬长，发现与肯定每一位教师的独到之处。

好教师在不同阶段有不同的标准。如上世纪 80 年代以"五个一"为标准，即一口普通话、一手好板书、一副好口才、一笔好文章、一套好方法。这主要是侧重于教师基本功的考核。上世纪 90 年代在前面"五个一"基本功的基础上，增添了学生评价教师，要求教师要有精、气、神，有个性，懂得美。可见，新世纪好教师的标准进一步提升了。现在的教师必须有三大魅力，即知识的魅力、教学艺术的魅力、教师人格的魅力，才能占领课堂阵地，征服学生心灵。具体表现在，教师是否解放了学生的身心，发现了学生身上的闪光点，激励了学生乘风破浪、永不言败、奋然前行的动力。

当今时代，学校办学有三大追求：一是出优秀毕业生，二是出优秀教师，三是出先进的办学经验和理论。培养优秀教师是学校工作的重中之重，学校必须有培养计划和措施，如在 3 至 5 年内应培养多少名优秀教师。当然，学校配套措施中的物质激励手段也要跟上，要满足教师的正当要求与合理需求。

每个人一生都要做很多事情，以怎样的态度、用什么方法做事，决定着一个人成就的大小，也决定了其人生价值的大小。同样是做事，同样的光阴，同样的环境，同样的条件，其结果截然不同，这其中的关键是做事的态度。

作为学校管理者，应该思考如何改变教师的现状，让其快乐地工作与生活。在学校管理过程中，我们要去认真倾听教师、学生、家长的心声，特别是教师的心声。为政之要，唯在得人；感人心者，莫先乎情。作为校长，我知道自己不能两只眼睛只盯着教师的工作，把工作关系看作维系管理的唯一链条；没有感情的管理只能是冷血的管理，其效果肯定好不到哪里去。因此，作为校长，我应当时刻亲近教师，为教师服务，把教师的冷暖记在心上，把教师业绩讲在面上，把教师要求落在实处，和教师同心协力，共担责任。

人心思上，学校昌盛。正如美国管理学教授弗朗西斯指出：你可以买到一个人的时间，可以雇一个人在指定的时间到一个指定岗位去工作；你可以买到按时或者按日计算的技术操作，但是你买不到热情，买不到创造性，买不到全身心的投入，你必须设法去争取这些。这就是思想政治工作与人文管理的魅力所在。

学校的管理过程是复杂的，特别是在处理某些事情时，容易被教师误会、不理解，甚至会发生顶撞、冲突。这时候，我应当冷静下来，思考一下，回避一下，想一想教师为什么这样生气，不要激化矛盾。我们要创造条件和机会，让教师们发泄，让教师们争议，说出心里话，弦绷得过紧会断，调得合理，弹出的音就会柔和悦耳。怀有宽容之心，遇事退一步，奏出的管理之歌就一定和谐无比。

在学校的管理过程中，要不断创新，引进竞争机制，要注入新的、积极的因素，打破死气沉沉的局面，要让学校的所有环节都动起来，让所有的人都积极努力地工作。

三、重视德育队伍的建设

学校要重视德育工作队伍的建设，要努力建设好一支能教书会育人的教师队伍、一支优秀的班主任队伍和在班级管理中起模范作用的学生干部队伍。

尊重和突出学生的教育主体地位，定期召开团代会、学代会，坚持"正确引导，大胆放开"的原则，让学生独立、自主地组织各种活动，让他们在参与中增强主人翁意识。因此，在教育实践中，我们要做个有爱心、有洞察力、有智慧的教师，时刻激励学生健康成长。

建设好"三支队伍"，是学校健康快速发展的根本保证。北辰小外在"三支队伍"的建设路上充分发挥主观能动性，探索学校建设的多样可能。"三支队伍"建设工作是一个系统工程，需要学校各级各部门有效配合，整体作战，才能取得如此显著的成绩。

第五节
教案是教师的陪伴

　　教案是教师备课形成的结果，教案就是一个框架和一张路线图，就是一幅包含每一步行动细节巨幅图画。它上承教材研究和教学设计，是其必然发展结果；下接课堂教学，是教学活动的总的组织纲领和行动方案，因此它是备课向课堂教学转化的关节点。北辰小外充分重视教案保障教学质量方面的重要性。

　　《现代汉语词典》对"教案"的解释是："教师在授课前准备的教学方案，内容包括教学目的、时间、方法、步骤、检查以及教材的组织等。"一般来说，上课是一定要有教案的，虽然无须手不释"卷"。设想一下，如果准备一堂研究课，是否要准备一个详案？假如将每一堂课都视作研究课呢？所以，要不要教案不是问题，关键是要什么样的教案，如何准备教案。

一、教案书写从开始就是借鉴

　　书写教案都是从借鉴开始。每一名教师书写的第一份教案，都有所借鉴——"模仿"就是学习的开始，先模仿后创造。至今我也认为纯属原创的教案是不存在的，因为我们教授的知识、使用的教材是前人精神和文化的凝

练，在研究专家反复论证评定后，方可编纂教材。既然有所选择论证，必定有所参考，这就是我们使用的教学参考和教师用书。

教案的初期内容，99% 甚至100% 来自教学用书。除了教学参考和教师用书，我们还可以借鉴其他优秀的教案，这是更贴近课堂教学的材料，当然还有教学设计，包括各类优秀的教育教学期刊上的文章。"博采"是教案的主要构成。

教案是教学前的必要准备，我们书写教案，就是强化教学准备的各个环节，通过书写来加深印象，明确重点、难点，分清主次，做好各个环节的设计，做到有的放矢的同时胸有成竹。即使做好了充分的准备，课堂上也有可能出现意想不到的情况，因此"反思"从中产生并成为教案的一部分，提示教师要及时总结经验教训并加以调整。"反思"是优秀教师的必要素质，反思证明我们没有停留于"博采"，我们有了自己的发现和想法，此点非常可贵。做到长期坚持反思，会使我们在教学这条路上走得更远，在育人的天空中飞得更高。

二、"万变不离其宗"的教案

教案纵有万种，均属于"万变不离其宗"。"宗"就是传授的知识本身，正所谓一就是一，二就是二。而变化的只是教案的形式、教案中体现的传授知识的方法，乃至知识的外延及其应用。

举个例子：在教授阿拉伯数字9时，教师首先介绍的是9的数学意义——表示数量的单位或称为计数单位；再讲9的写法，这就是9书写的形式（如介绍了若干种9的写法，即为介绍了数字9书写的外延），最后到9的实际应用。在这个教学实例中，9的定义应该永远不会变化，这就是"宗"，教案中变化只有教授的形式、步骤甚至包括9的实际应用，多则亦可，少则也行；讨论亦可，交流也行；探究亦可，实践也行……设计的细节要根据学生学习的实际情况来确定具体方案，这就是"万变"；教授同一个阿拉伯数字9，一名教师一种风格，因人而异，也是"万变"。

因此，教案中变化的、让我们"眼花缭乱"的只是形式，知识本身一般无可变化和争议。万般的变化都是为了实现教授知识这一个目标而进行的。最终就看谁的技艺娴熟了。技艺娴熟的成功与否，还要看学生知识掌握的情况。教案是"万变"的形式与不变的"宗"的统一体。设计和书写（无论手写体或电子版），是达成"万变"的不可逾越的过程。

三、是否可以不写教案

既然教育教学需要提前准备，就需要提前有构思，有文本。不需文本，也没有思考的教学是不负责任的。即使内容相同，对象不同，教案也应略有差别（也许只是细小处的标注），因材施教使然。

从教若干年后，我们是否就可以不书写教案了呢？有没有这种可能性呢？我的体会是有的，往往适用于以下情况：重复教授多次且教学标准尚未改变的内容，教案早已烂熟于心，可以不再书写教案；目标单一且非常突出的实践活动，可不书写详细教案。在以往的教学生涯中，我体会较深的就是这两种。

教案可分为详案和简案，书写位置似乎也有区别，写在教材上的要目也是简略教案的部分表现，即可作为重点提示。教案陪伴着教师的教育教学，

是教师工作中的重要组成部分，教案中有借鉴，有提高，有创造，有凝练——教案中积累着教师闪光的思想和思想指导下的教学实践。成其实者思其树，饮其流者怀其源；优秀的教案往往是教师成功人生的开始。

以上旨在表达教案对教师的重要性和必要性，它是上好课的基本前提。随着教学经历的丰富，教案可以变幻出多样的形式，或繁或简，它历久弥新。

认真编写教案是教师，尤其是青年教师提高教学水平的重要过程。学校要求教师在授课前充分了解学生的认识规律和身心发展的规律，根据教学过程的具体特点，设计出合乎客观规律性的教案，遵循教学规律有的放矢地进行教学。这其中，教案的重要性就可见一斑。

第五章

引 航 远 眺

——形成德育特色育人

北辰小外这支船队想要在大海乘风破浪，必须先做好本职工作——培养学生。那北辰小外应该培养什么样的人？如何培养人？又如何在众多的学校中脱颖而出？北辰小外给出了自己的答案——形成德育特色育人，形成以立德树人为教育根本任务的大德育观，构建培育英才德育体系，探析特色班级建设，加强心理健康教育——给学生阳光快乐的童年以及构建家庭、学校、社会教育体系。

第一节
以立德树人为教育根本任务的大德育观

"培养什么人，怎样培养人"是教育的根本问题和永恒主题。中华民族是重视德育和志趣高尚的民族。我校深入践行以立德树人为教育根本任务的大德育观，牢牢抓住教育的本质要求，明确教育的根本使命，符合教育规律和人才培养规律，力求在实践工作中进一步丰富人才培养的深刻内涵。

德为才之帅，德是做人的根本，是人成长的根基。立德树人即教育事业不仅要传授知识、培养能力，还要把社会主义核心价值体系融入国民教育体系之中，引导学生树立正确的世界观、人生观、价值观、荣辱观。当今我国正处于开放的国际环境与多元文化的背景之中，而青少年学生又正处在世界观、人生观、价值观形成的关键时刻，德育为先更具有必要性和紧迫性。德育为先，要在继承的基础上创新。把社会主义核心价值体系融入教育全过程，把理想信念教育作为教育核心价值观的重中之重，把弘扬以爱国主义为核心的民族精神和以改革创新为核心的时代精神作为重要内容，引导和教育学生自觉践行社会主义核心价值体系。

一、立德树人

培养什么人，如何培养人，历来是党和国家教育的根本问题。党的十八大以来，以习近平同志为核心的党中央，要求全面贯彻党的教育方针，坚持教育为社会主义现代化建设服务、为人民服务，把立德树人作为教育的根本任务，培养德智体美劳全面发展的社会主义建设者和接班人。习近平总书记着眼全局，把握关键，立意深远，深刻回答了培养什么样的人、为谁培养人以及如何培养人等一系列重大问题，是中国特色社会主义教育理论的精髓，是推进我国教育现代化的指导思想和行动指南。

党的十八大以来，以习近平同志为核心的党中央，始终把立德树人作为学校教育的根本任务。人无德不立，国无德不兴。习近平在坚持立德树人，丰富、完善和发展党的教育方针方面提出了一系列新思想、新主张。

一是强调扣好人生的第一粒扣子。2014年5月4日，习近平在北京大学考察时指出，青年的价值取向决定了未来整个社会的价值取向，而青年又处在价值观形成和确立的时期，抓好这一时期的价值观养成十分重要。这就像穿衣服扣扣子一样，如果第一粒扣子扣错了，剩余的扣子都会扣错。人生的扣子从一开始就要扣好。

二是强调加强社会主义核心价值观教育。2014年5月30日，习近平参加北京市海淀区民族小学庆祝"六一"国际儿童节活动时指出，让社会主义核心价值观在少年儿童中培育起来，家庭、学校、少先队组织和全社会都有责任。学校要把德育放在更加重要的位置，全面加强校风、师德建设，坚持教书育人，根据少年儿童特点和成长规律，循循善诱，春风化雨，努力做到每一堂课不仅传播知识而且传授美德，每一次活动不仅健康身心而且陶冶性情。习近平在全国高校思想政治工作会议上指出，要把思想政治工作贯穿教育教学全过程，引导广大师生做社会主义核心价值观的坚定信仰者、积极传播者、模范践行者。

三是强调理想信念教育。2013年5月4日，习近平在同各界优秀青年代表座谈时指出，广大青年一定要坚定理想信念。2015年6月2日，习近平会见中国少年先锋队第七次全国代表大会代表时指出，要从小学习立志……一个人可以有很多志向，但人生最重要的志向应该同祖国和人民联系在一起，这是人们各种具体志向的底盘，也是人生的脊梁。

四是强调加强劳动教育。习近平在同中华全国总工会新一届领导班子成员集体谈话时强调，加强对广大青少年的教育，让劳动最光荣、劳动最崇高、劳动最伟大、劳动最美丽的观念蔚然成风。

五是强调加强中华优秀传统文化教育。教育应当继承和弘扬中华民族优秀的历史文化传统，吸收人类文明发展的一切优秀成果。

习近平同志的上述思想，是对新时期中国特色社会主义教育育人规律的深刻把握和最新成果，深刻回答了如何培养人的重大问题。

教育具有为人生奠基的重大意义，人民群众对教育的综合利益诉求可以概括为以下五个方面：一是只有有利于满足人的学习需求的教育才是人民满意的教育，即"成学之教"。不断扩大优质教育机会，不断开拓人民接受教育机会的新途径，仍然是我国教育改革和发展面临的重要挑战。不过，满足人的学习机会的需求，绝不等同于人人都能上重点大学，而是为每个人提供适合的教育机会。二是只有有利于满足人的成人需求的教育才是人民满意的

教育，即"成人之教"。让每个孩子都成为身心健康的人，都成为遵纪守法的人，都成为诚实守信的人，都成为积极向上的人。三是只有有利于满足人的就业谋生需求的教育才是人民满意的教育，即"成业之教"。教育要唤醒人的职业意识，要为人的就业谋生奠定坚实的基础。四是只有有利于满足人的终身发展需求的教育才是人民满意的教育，即"成己之教"。教育要为人的终身发展奠基，要引发、培育、呵护人的职业兴趣。五是只有有利于满足人的终身幸福生活需求的教育才是人民满意的教育，即"幸福之教"。教育要为人生幸福奠基。

二、立德树人的德育观

实施全员育人、全面育人、全程育人战略，培养学生"会做人、善学习、有责任、高修养"的品质。

（一）坚持育人为本，必须德育为先

学校要以立德树人为宗旨，以"以德育人"为根本，以教学为中心，全面推进学校德育工作的开展。同时制订德育工作的目标和规划以及实施方案，始终把德育工作贯穿于教育教学的各个环节。要坚持"学校无小事，事事是教育"的理念，不仅寓德育于教学之中，而且寓德育于管理之中、活动之中。大胆实施德育新举措，重点从"学做人"抓起，重视学生的文明礼仪教育、遵纪守法教育、行为习惯培养。重视开展公民道德、民族精神、理想信念、法制教育、心理健康教育、学生日常行为规范和文明礼貌教育，抓好学生行为习惯的养成教育，每年组织学生参加社会实践活动，增强德育的实效性。针对学生的个体差异，必须冲破传统"以学习成绩论好坏"的误区，激励每位学生健康成长，科学评价学生，引导学生全面发展。

（二）精创文化校园，深化实践育人

1. 优化环境，积极营造学校德育氛围

本着"追求高品位，主题鲜明化"的设计理念，校园硬化、绿化、美化、净化是十分必要的。要营造优雅的校园文化氛围，操场运动图景的张贴，楼道文化长廊的制作，展板橱窗的设计布置，将艺术性与教育性合为一体，做到"面面墙壁在说话，时时处处都育人"，使内容与形式和谐统一。要注重打造特色班级文化，不断提升班级文化的品位，每学期积极开展创建班级文化活动，精心设计班级"特色文化版面"。图书角、学习园地、名言警句、学生作品等要折射出班级文化生活的丰富多彩，营造一种崇尚科学、刻苦钻研、尊师爱生、团结互助的浓烈氛围，让校园的每一处物化环境都充满教育意义，使广大师生在优雅的环境中受到熏陶。

2. 开展主题活动，强化德育实践体验

学校要坚持品德树人，坚持开展中华民族传统美德教育，并根据新时期的特点不断丰富内涵，认真开展"孝""俭"德育主题实践活动，努力将其培养成为学校德育工作的一个品牌。结合每月学校教育工作的实际和重大节日，制定"孝""俭"主题实践活动的实施方案，通过电子屏、国旗下演讲、开辟专栏等宣传阵地，进行最广泛的动员，对学生进行孝道、勤俭做人的基本道德教育，让民族传统文化融入学校文化之中。

3. 以传统节日为契机，举办多种活动

学校以传统节日为契机，举办诗歌朗诵会、国庆歌会、知识竞赛、征文、观看献礼性影视片等活动，结合学校田径运动会（体育节）进行意志品质和

集体主义教育，让学生正确认识中华民族思想文化优良传统，培养学生的爱国情怀，懂得公民的权利和义务，树立报效祖国的远大理想。举办法制讲座、法律知识竞赛、模拟法庭、参观访问等活动，培养学生对自己、对家庭、对社会的责任感，增强成人意识、法制意识和社会责任感，立志成才。

（三）创新德育方法，提高育人效益

"依托德育科研，创新德育方法，提升德育水平"是学校德育的科学发展之路，把当前学校德育工作亟须解决的突出矛盾以及学生在日常学习、生活、人际交往等方面面临的突出问题，设计成科研课题，用科研的程序和方法进行深入的探讨和研究，总结成功经验，并经过德育实践的检验，从中找到解决问题的科学答案，以此提高学校德育工作者的德育能力，全面提升学校的德育水平。学校要以德育科研为导向，建立德育研究体系，提高德育的针对性和实效性，确立"在反思中研究，在研究中求真，在实践中创新"的德育研究理念。

学校积极开展读书节、体育节、科技节、艺术节、班主任节等节日，以"节日"文化为突破口，精心策划各个节日，提高每个节日的师生参与度，提升节庆文化的深度与广度，形成丰富多彩的节庆文化。大力开展阳光体育活动，突出"小场地，多社团开展；小项目，多精品培育；小课程，多特色开发"的鲜明特色，使阳光体育不再拘泥于固定的模式套路，体现各自不同的特点。"每天锻炼一小时，健康生活一辈子"的理念深入人心。坚持开展感恩教育系列活动，精心组织"心存感激，学会感恩"演讲比赛、"感谢师恩"诗文朗诵会等活动，从细微处入手，培养学生的责任意识和健全人格。

德育是关系到学生一生幸福的大事，立德树人是教育的根本任务，也是教育工作者的神圣使命。立德的目的是为了树人，树"德才并重，以德为主"的人，树一代又一代具有高尚思想道德的人才。德是做人之基，只有在具备高尚思想品德的基础上树立崇高理想和远大志向，学习才有动力，成才才有保障。每一个教育工作者都要再接再厉，为推进素质教育的深入发展，为培养德智体美劳全面发展的社会主义建设者和接班人而努力奋斗。

　　坚持立德树人，培养德智体美劳全面发展的社会主义建设者和接班人，不仅关系党和人民教育事业的发展，也关系整个中国特色社会主义事业的全局和长远。未来，我们每一个教育工作者任重道远。

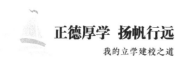

第二节
构建培育英才德育体系

"育才造士，为国之本。"实现立德树人，离不开德育体系的制度支撑。要把立德树人作为教育工作的主线，融入思想道德教育、文化知识教育、社会实践教育各环节，只有让学科体系、教学体系、教材体系、管理体系都围绕这个目标来设计，教师围绕这个目标来教，学生围绕这个目标来学，才能凝心聚力、取得实效，构建起德智体美劳全面培养的英才德育体系，为人才培养筑牢更高水平、更加科学的制度基础。

一、立德树人是教育根本任务

德，是思想政治和道德品质的总称。思想政治是指人的理想、信念、信仰、世界观、价值观、人生观，是一定社会意识形态在个人身上的印记和表现。立德，就是要培养人的道德品质，包括个人品德、家庭美德、职业道德、社会公德，就是要传承和弘扬中华民族传统美德。立德，就是要培养人的思想政治素质，包括爱党、爱国、爱人民、爱社会主义，引导青少年学生把个人理想与实现中华民族伟大复兴的中国梦紧密结合起来，敢于有梦、勇于追梦、勤于圆梦，自觉学习和践行社会主义核心价值观。

思想政治和道德品质对一个人的成长、成才、成人、成功具有导向、动力和保证的作用。在我国长期历史发展过程中逐渐形成了"德才兼备"这个中华民族鉴别和选拔人才的标准。宋代的司马光对德与才的关系做了分析，他说："才者，德之资也；德者，才之帅也。"认为"德"不仅是人才构成的基本内容，而且在人才成长中具有统帅和导向的作用。一个人只有具备良好的思想道德素养，才能受到他人的尊重，实现做人的尊严；才能走向成功，实现人生的价值。因此，思想政治和道德品质不仅是一个人整体素养的构成要素，而且是整体素养的核心。

二、立德树人需要整体德育支撑

落实立德树人根本任务，需要整体构建大中小学思政教育体系。整体构建学校思政教育体系，要以习近平总书记的系列重要讲话精神为指导，以德性论、德育论、系统论为理论基础，以贯通古今、融会中西、继承借鉴、发展创新为基本原则，以德育目标、德育内容、德育途径、德育方法、德育管理、德育评价等要素系统为纬，进行横向贯通，纵向衔接，分层递进上升。从而整体构建有中国特色的、代表先进文化前进方向的、适应全面素质教育要求的学校德育体系。

德育目标是党和国家对学生在德育方面所应达到的规格要求，是德育工作的出发点和归宿点。在德育实践中，我校构建整体德育目标体系，力争做到：总体目标，一以贯之；学段目标，各有侧重；年级目标，具体明确；情意兼顾，知行统一。德育内容是为实现德育目标而确定和安排的特定的教育内容。德育内容的性质和构成由德育目标所决定；德育内容的深度和广度为

受教育者年龄特征和思想品德发展水平所制约；德育内容的针对性从学生成长的需要和现实社会的迫切要求出发。构建过程中，力求实现德育内容，循序渐进；科目规范，形成序列；要素完整，层次清楚；注意衔接，螺旋上升。

德育途径是对学生实施德育影响的渠道，是实现学校德育目标，落实德育内容的组织形式。整体构建德育途径体系，我们学校要求：德育途径，对应内容；一项内容，多条途径；有主有辅，协调配合；分工合作，形成合力。还要把道德品质和思想政治教育融入教育教学全过程，落实到教职员工的岗位职责，建立全员育人、全程育人、全方位育人的德育工作格局。

德育方法是完成德育任务、实施德育内容的手段。在教育实践中，广大教师创造出丰富多样的德育方法，而构建德育方法体系则要求根据内容，对应途径；多种方法，优选组合；辩证思维，鼓励创新。

三、完善德育管理和评价

德育管理是整个德育工作的指挥和保证系统，具有协调、组织、实施和评价的功能。德育管理包括领导体制、法规政策、规章制度、队伍建设、督导检查、考核测评等项内容。就领导体制而言，实行校长负责制。

《关于加强中小学校党的建设工作的意见》指出，中小学校党组织是党在学校中全部工作和战斗力的基础，发挥政治核心作用，全面负责学校党的思想、组织、作风、反腐倡廉和制度建设，把握学校发展方向，参与决定重大问题并监督实施，支持和保证校长依法行使职权，领导学校德育和思想政治工作，培育和践行社会主义核心价值观，维护各方合法权益，推动学校健康发展。由此可见，从构建整体德育角度看，加强党的领导势在必行。

德育评价是学校德育管理工作的重要环节，对于督导检查学校德育工作的水平和质量，发挥着不可替代的监督保证作用。德育评价体系的构建，包括教育行政部门对学校德育工作的评价、校长对班级德育工作和任课教师教书育人的评价、班主任及教师集体对学生个体的品德评价三部分内容。构建德育评价体系应该做到三级评价，体系健全；指标体系，科学简明；坚持遵循评价原则，正确掌握评价方法。而加强德育评价的关键就在于把德育评价结果作为评价学校、教师、学生的重要依据。

培养德智体美劳全面发展的社会主义建设者和接班人，是教育工作的根本任务，也是教育现代化的方向目标。让学生德智体美劳全面发展，归根到底，就是立德树人，这是教育事业发展必须始终牢牢抓住的灵魂。

第三节
特色班级建设的探析

    班级是学生的栖身之所,是展示风采的舞台。一个班级就是一种文化,一个班级就是一种个性。当学生置身于具有个性化的班级文化氛围中,会给人以精神上的振奋,习惯上的优化,从积淀的班级文化底蕴中汲取更多的营养,从而能最大限度地挖掘出学生各方面的潜能,促进学生综合素质的提高,使得每一位学生既学有所成,又学有所长。

    "正德厚学",顾名思义,以正德为先,立德树人,同时重视学生知识、技能的学习和能力的培养;"知行天下",意为培养兼具中国精神和国际视野的人才。在班级特色建设中,也以校训为指导,从品德发展、智力发展、身心发展、审美素质发展、劳动技能发展五个角度出发,培养学生具有正确的政治意识、良好的规则意识和道德品质、健全的人格、良好的学习能力、高尚的审美情趣和劳动技能。

一、以德为本,培养学生良好的道德品质和正确的政治观念

    组织全校学生同上一堂班会课,互读新年心愿。学生不仅了解了中国传统文化,增强了民族自信和民族认同感,还巩固了行为习惯养成知识,增进了学生间的友谊，也为下学期的德育打下基础。

根据班级特色，设置班级别名、班训。班级别名的设置，激发了学生爱班、爱集体的强烈感情，以及想为班级建设添砖加瓦的强烈愿望。班训也指引着师生向着同一目标出发，共同进步。班级别名和班训的设置，也进一步唤醒了学生的主人翁意识，初步培养了学生独立自主的能力。

根据班级别名和班训，设计班级汉字名片。从博大精深的汉字文化入手，让传统文化植根于学生心灵，体现"融中西文化，育国际英才"的培养目标。汉字名片的设置，不仅是一次传统文化与现代技术的碰撞，对学生来说，也能唤起他们心中对班级、对学校的热爱。

设置"心愿存折"。学生把自己所得的心愿贴累积到自己的"心愿存折"里，每两周进行一次"心愿兑换"。"心愿存折"的设置，在促进守纪律、讲文明、懂礼貌等方面都有促进作用，同时也激发了学生的学习积极性，促进了学生品德的发展。

"以星换卡"，激发学生在品德和能力提升上的热情，学生把通过努力得到的"星"视为珍宝，更加努力地投入到班级建设和自身学习上，从而能够换取"卡"。"以星换卡"促进了学生道德品质的发展，激发了他们的学习热情，也唤醒学生对班级事务管理的思考，一举多得。

建立值日班长制度，推动"学生自治"。首先，这一措施可以锻炼学生的管理能力，唤起学生的主人翁意识。其次，通过参与班级管理，学生可以体会到教师和其他同学在管理班级时的不易之处，从而更加遵守校规校纪、班规班纪。

二、发展学生智力，利用课内外资源培养学生创新性和创造力

利用课堂五分钟，给予学生创造和展示的空间，对培养学生的语言表达能力和临场发挥能力都有一定效果。学生通过课内外积累的资源，在课堂上进行展示，同时生成自己的理解，激发了学生的创造力。事实证明，经过一学期的实践，很多学生乐于在课堂上展现自我。

在班级展示区设置英语角、语文园地、我爱数学专栏。发挥榜样的引领作用，激发学生的学习热情。同时，在英语角的布置上，充分发挥学生的主观能动性和创造性，培养学生勤思乐学的品质。

利用现有资源，在课堂教学中体现学科交叉融合的特点，充分激发学生潜力。比如在制作新年贺卡一课中，语文学科和美术学科进行分内容教学，从语言文字和艺术创作的不同角度，激发学生的创造力，因材施教，激发了学生的学习热情，也使学生在轻松愉悦的氛围中掌握了知识。另外，语文教师和校医"同上一堂课"，学生不仅锻炼了语言能力，还收获了健康知识。

三、关注学生身心健康，开展形式多样的体育活动

班会课上留出自主发言时间。通过学生发言，掌握某一阶段学生所思所想，关注学生心理发展以及情绪发展，既有利于缓解学生心理压力，也能让教师更加了解学生。

配合学生开展形式多样的体育活动。以趣味运动会为例，通过参与运动会，学生各展所长，增强了体质，发展了体育，还为班级所取得的荣誉感到自豪，班级凝聚力增强。

四、营造良好美育环境，提高学生审美情趣，发展学生素质

设置班级绿植角，由学生照料绿植。学生都能积极参与绿植角的养护，既锻炼了学生的劳动能力，也培养学生爱护自然、热爱生物、体验成长的审美情趣和良好素质。

设置班级图书角，用环境育人，对学生进行潜移默化的文化熏陶，使学生养成爱看书、乐于看书的好习惯。

设置作品展示专栏，把学生的作品集中展示，有利于学生间互相学习，同时也增强学生的创作自信，在创作中提高自身审美力。

五、在实践中培养学生劳动技能

设置班级管理员，教室内各个角落都有专人负责，全员参与班级劳动。逐步培养学生的劳动意识，锻炼他们的劳动能力，经过一段时间的锻炼，学生参与班级劳动的热情高涨。在小组内设置不同职务，每组每人一项劳动任务，既培养了学生的责任意识，又增强了他们的集体荣誉感。

班级特色建设作为校园文化建设的组成部分，从关注学生道德完善、人格养成、审美情趣提升的角度出发，本着"一切为了每个孩子的终身发展"的原则，使培养学生和班级特色建设得以融合。通过我们的实践证明，在班级特色建设过程中，学生的潜力得到挖掘，自信得以提升，能力得到锻炼。在德智体等方面的特色建设中，学生的个性化意识得到发展，集体意识、班级荣誉感明显增强。在今后的道路上，我们也将不断探索有利于学校发展、班级建设、学生发展的有效途径，使班级特色建设不仅满足新课标理念的要求，还能满足学生个性化发展的需要。

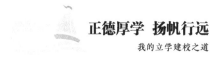

六、案例分享

（一）疫情防控主题德育活动

根据北辰区教育局防控指挥部办公室的要求，按照学校新型冠状病毒感染肺炎应急预案和德育工作计划，我校有条不紊地开展了与"抗击疫情"相关的各项活动，如主题班会（思政教育）活动，主题为"抗议知识讲座——责任篇"和"身边的榜样""天津北辰小外致家长的一封信""给寒假后返校学生、返岗教师的防护指南""新型冠状病毒疫情心理防护手册（小学生版）""防控新型肺炎疫情知识"等，在一系列活动中对学生进行"爱国""责任""担当""榜样的力量""崇拜时代英雄"等主题教育，同时以生动多样的形式使学生们掌握了与"抗疫"相关的知识。学生通过观看微课及动手制作祝福卡、手绘版的《防疫手册》等，向在抗击疫情一线的人员致敬。

（二）班级建设之班级汉字名片

习近平总书记在全国教育大会上强调，要在坚定理想信念上下功夫，教育引导学生树立共产主义远大理想和中国特色社会主义共同理想，增强学生的中国特色社会主义道路自信、理论自信、制度自信、文化自信，立志肩负起民族复兴的时代重任。要在厚植爱国主义情怀上下功夫，让爱国主义精神在学生心中牢牢扎根。作为一所外国语学校，我们始终牢记总书记重要讲话精神，在学校"融中西文化，育国际英才"的办学理念指引下，把培养具有爱国情怀，并兼具国际视野的学生作为我们工作的目标，所以我们创造性地将中国汉字文化融入班级建设中去，依据班级特点和班级文化，制定符合本班特色的"班级汉字名片"，切实增强学生的文化自信，让爱国主义精神在班级建设中生根发芽。

从 2019 年开始，学校便开始组织班主任筹划"班级汉字名片"事宜。2019 年末，各班初步确定本班的"汉字名片"及班训。班集体建设方面以"汉字名片"为核心，深挖汉字内涵，统领班级建设："至真至善"的一班（星辰班）确定"真"为汉字名片，真心生活，真诚待人；"团结友爱"的二班（彩虹班）确定"思"为汉字名片，善思敏思，不断进步。2020 年新学期来临，新一年级各班沿袭班级建设的特色和传统，四张各具特色的汉字名片，也在学校"一训三风"及育人目标的指引下诞生了，他们分别是以"实"为核心内容的一班（水滴班），以"恒"为核心内容的二班（晨曦班），以"端"为核心内容的三班（太阳班）和以"达"为核心内容的四班（羽翼班）。

表1　班级汉字名片

班级行政名	2019级1班	2019级2班	2020级1班	2020级2班	2020级3班	2020级4班
别名	星辰班	彩虹班	水滴班	晨曦班	太阳班	羽翼班
汉字名片图样						
核心汉字	真	思	实	恒	端	达
班训	至真至善群星璀璨	团结友爱勤学乐思	至诚至善求真务实	勤学乐思持之以恒	品正行端厚积薄发	明智达理自强自立
内涵	做"真人"，做真事，学真知，发现"真世界"。	勤思，善思，乐思，敏思。做有主见，有爱的阳光少年。	为人诚实，学习扎实，做事务实，春华秋实。	勤奋学习，乐于思考，长久坚持，终身学习。	以品行端正为本，厚积薄发，像太阳一样充满正能量。	通达事理，见识高远，汉语基础＋英语"羽翼"，翱翔于国际。

班级别名与汉字名片是相辅相成的关系，班训的内容和内涵又离不开班级汉字名片中的核心汉字。所以说班级别名、班训及其内涵的产生和延伸离不开班级汉字名片及其核心汉字。

班级汉字名片在我校"融中西文化，育国际英才"的办学理念下，突出外语特色的同时，也坚守了民族文化本位立场。"班级汉字名片"的践行和坚持，也成为我校班级建设的传统，蕴含丰富的汉字汇聚成学校的独特风景，磐石一般的向心力也当必然常在。

2020年，对于全体师生来说都不一般。由于疫情，我们经历了居家学习和线上学习。在特殊时期，为了巩固良好的育人成果，践行"五育"并举育人目标，我校举办了第一届"星彩少年"线上艺术节。"星彩"二字取自"星辰班"和"彩虹班"这两个班级别名的首字，意义非凡，既代表着学校由不同的班级组成，班级建设是校园建设的一部分，也代表着学校对于学生的种种期盼，期盼学生能像星辰和彩虹一般，美丽绽放。艺术节的其中一个主题便是"我与班级在一起"，将艺术节和班级文化建设、班级汉字名片紧密结合，用艺术的形式，让学生重温班级汉字名片，在特殊时期增强了班集体凝聚力，巩固良好班风的形成。

"班级汉字名片"班会——形成班级凝聚力。班集体育人最直接的方式就是班会，在班级汉字名片产生后，各班主任利用班会课，从班级别称的产生、班级汉字名片的设计、核心汉字的选取，以及内涵的阐释各个角度，向学生传达"我们班"的精神（班训），以及我们应该如何在汉字名片的指引下共同建设我们的班级，让学生真正成为班训的践行者和传播者。

通过班会，师生、生生之间共同感受班级汉字名片的精神、内涵，在共同的情感维系中形成围绕班级汉字名片展开的班级凝聚力，逐步形成班级向心力，为建设班级制度、班级文化做铺垫。

费孝通先生在《美美与共人类文明》中曾说"美美与共，和而不同"，意思是说发现自身之美，然后发现、欣赏他人之美，再到相互欣赏、赞美，最后达到一致和融合。班级汉字名片的产生便是自我发现、自我欣赏的结果，虽然各班汉字名片的内涵和意义不同，但我们一致的地方便是为党育人、为国家育人，培养学生成为德智体美劳全面发展的社会主义建设者和接班人。在班主任工作沙龙中，班主任们分享自己在班级建设中的好方法，同时也学习其他的好方法，这一过程就是从自我发现到欣赏他人，最后达成一致。

各班根据自己的班级汉字名片的特色，充分发挥主观能动性，创造出汉字名片的衍生物，虽然这些衍生物的形式不同，但意义却很相似，那就是借助班级汉字名片图样和班级别名，设计出许多适合日常使用和保存的衍生品，这些衍生品也深受学生喜爱，学生们也格外珍惜这些"美好的物品"。这些衍生物的形式、内容不尽相同，但是最终达到的育人目的却是一致的。

一是培养学生具有规则意识。俗话说，国有国法，家有家规，校有校规，那么一个班级想要正常运行，也离不开班规，班规是一个班级关于共同的行为标准、思想道德标准和文化标准的约定，是教师管理班级的重要工具，在一个班级的日常运转中发挥着重要作用。班规不仅可以规范学生行为，还可以引领班级风气，塑造班级文化，一个班级如果想要发展和进步，那就离不开合理的班规。各班以小学生日常行为规范为纲，结合班级汉字名片特色和内涵，各自独立地制定班规，从小培养学生具有规则意识，更要守规则、讲规则，这也与我校培养具有国际视野、通晓国际规则的复合型人才的目标相匹配。

根据班规，将汉字名片衍生品作为评价、奖惩的形式，既可以调动学生的遵守规则的积极性，也使得班级汉字名片在学生心中进一步巩固，下图是一张根据班级汉字名片设计的"积星卡"，根据学生遵守班规情况和学习情况，教师进行综合评价。

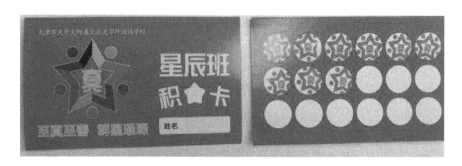

二是各类活动充分体现班级特色。除了根据班级汉字名片制定班规外，在学科成果展示中，各班都凸显自己的班级特色，不仅形式丰富，而且生动有趣，"星辰班"手持小星星共唱"Twinkle Twinkle Little Star""彩虹班"围绕核心汉字"思"设置"问题墙"，引导学生勇于思考、善于思考；"水滴班"从一点一滴做起，落实"班级评比栏"，点点滴滴汇成小小河流；"晨曦班"鼓励持之以恒，从"恒"出发，坚持个人奖励机制和小班干领导机制；"太阳班"用一颗颗耀眼的"小太阳"照耀着一个个可爱的孩子；"羽翼班"设置班级管理员，引导学生自强自立，一个个"小翅膀"飞动起来，飞向班级的各个角落。

三是加强劳动教育，教育引导学生崇尚劳动、尊重劳动。习近平总书记在全国教育大会中指出，要在学生中弘扬劳动精神，教育引导学生崇尚劳动、尊重劳动，懂得劳动最光荣、劳动最崇高、劳动最伟大、劳动最美丽的道理，长大后能够辛勤劳动、诚实劳动、创造性劳动。

一年一度的学雷锋月，全校师生积极践行雷锋精神，二年级的"小星星"们和"小彩虹"们走入一年级各班，帮助一年级的弟弟妹妹们盛汤，"小星星"和"小彩虹"将雷锋精神落到实处，"星光"和"虹光"照亮了美丽的3月，对于他们来说，也是自我成长的一个月，对于一年级的弟弟妹妹来说，也是榜样教育，"小水滴""小晨曦""小太阳"和"小羽翼"，也将分别践行着"实""恒""端""达"这些核心文化，继续茁壮成长。

班级汉字名片，看似简单，但班级建设的所有内容、活动都围绕它展开，班训班规的制定、学生行为习惯的养成、学生评价机制、德育活动、学科学习活动等一系列育人、学科活动，都离不开汉字名片。我们围绕汉字名片展开的一系列活动，无疑都是为了实现它，无论是"真""思""实"，还是"恒""端""达"。我们虽然开展的活动不尽相同，但出发点和落脚点却是一致的，每个班级虽然不尽相同，但是育人目标却是一致的，都是为了培养全面发展的人，培养合格的社会主义建设者和接班人。"雏鹰争章"有我们的身影；国家级、市区级学科活动也少不了我们的足迹，并且收获了累累硕果；音美活动、比赛我们踊跃参加，坚持以美育人，以文化育人，培养学生审美情趣和人文素养；课间操、课外活动丰富多彩，不仅体验传统体育项目，也有现代竞技项目，传统与现代完美结合；注重培养学生劳动能力，把劳动课学到的知识用在生活中，学以致用。

通过北辰小外各特色班级建设的实例可以感受到，每个学生都是艺术家和发明家，在特色班级建设活动中培养学生极强的班级荣誉感和创造力，我校以一系列活动为学生提供探究实践、团结合作、展示自我的舞台，同时增强各班级凝聚力，于无形处树立良好学风。

第四节
心理健康教育——给孩子阳光快乐

　　良好的心理素质是人的全面素质中的重要组成部分。心理健康教育是提高学生心理素质的教育，是实施素质教育的重要内容。我校心理健康教育起步较早，在不断探索过程中，取得了一定的成效。

　　对于什么是学生成长中的健康，多数人的认识并不全面。在许多人的认知里，一提到健康就理解为身体没病、体格健壮，这种单纯的健康观念存在很大的片面性，忽视了心理健康的重要性。有学者认为："在童年期没有解决的冲突可能是导致抑郁症的原因。"因此，一个人童年的经历将关乎他的一生。而这也引起了值得人们认真思考的一个问题，如何才能让孩子们度过一个健康快乐的童年？答案就是心理健康护佑成长。

　　在现代社会，一个心理健康的人通常表现为认知功能正常，情绪反应适当，意志品质健全，自我意识正确，个性结构完整，人际关系协调，人生态度积极，社会适应良好，行为表现规范和行为与年龄相符等。

　　心理健康教育完全不同于精神医学中的诊疗模式，心理健康教育主要是针对青少年心理发展的需要而开展的教育活动，旨在提高和培养学生的心理素质，帮助学生学会如何恰当有效地应对现实生活中所面临的各种压力、如何进行情绪调节等，使学生更有效、积极地适应社会、适应自身的发展变化，促进学生心理健康的发展。所以，预防问题发生、促进心理素质提高才是心理健康教育的主要目标。从本质上来讲，心理健康教育是心理素质的教育和培养，是促进学生全面发展的重要方面，是素质教育的具体体现。

开展心理健康教育，需要重视教师自身素质的提高，注重与学校日常的教育教学活动相结合，注重实践，突出以活动为主的特点，注重家长与社会力量的参与，共同推进心理健康教育。

一、学校心理健康教育内容的原则

（一）目标性原则

学校心理健康教育的根本目标在于促进学生健康发展，提高学生的基本素质，培养学生优良的心理品质，提高学生的生存、适应能力，促进学生自主发展的潜能。围绕这些目标，学校心理健康教育的内容不仅应包括人生观与价值观教育、人格培养、情绪情感训练、意志力的培养、自我觉察与认识、生存训练、潜能开发等主题内容，还包括与之相关的心理测验、咨询辅导、课程安排、活动训练等各项工作。

（二）现实性原则

要根据本校的实际情况、教师的实际教育能力、学生发展的实际水平和需要，有针对性地选择、确定适宜于学校的心理健康教育的内容。

（三）发展性原则

确定学校心理健康教育的内容时应"面向全体、注重发展"，选择具有普遍意义的、有代表性的主题内容，重视发挥心理健康教育的"预防、促进"

的功能。

（四）差异性原则

不仅要尊重个体差异，还应尊重年级差异。考虑不同年级、不同学生的心理需要，这是保证学校心理健康教育效果的前提。

（五）活动性原则

在确定学校心理健康教育的内容时应突出活动，把心理健康教育的内容渗透于灵活多样、富有情趣的活动中，发挥心理教育活动的优势，注重活动过程的教育作用。

二、学校心理健康教育内容

（一）学生心理健康维护

这是以面向全体学生为主、通过常规的教育训练来培养学生心理品质、提高学生基本素质的教育内容。具体而言，包括智能训练，即帮助学生对智力的本质建立科学认识，并针对智力的不同成分如注意力、观察力、记忆力等设计的训练活动等；学习心理指导，即帮助学生对学习活动的本质建立科学认识，培养学生形成健康积极的学习态度、学习动机以及学习习惯的训练、学习方法的指导等；情感教育，即教学生学会体察和表达自己的和他人的情绪情感，学会有效控制、调节和合理疏泄消极情感，并进行相关技巧的训练，如敏感性训练、自表训练、放松训练等；人际关系指导，即围绕亲子、师生、同伴三大人际关系，指导学生正确认识各类关系的本质，并学会处理人际互动中各种问题的技巧与原则，包括冲突解决、合作与竞争、学会拒绝等互动技巧以及尊重、支持等交往原则；健全人格的培养，即关于个体面对社会生存压力及要求所应具备的健康人格品质的培养，如独立性、进取心、耐挫能力等各方面人格素质的培养；自我心理修养的指导，即通过训练和教导帮助学生对自己建立科学的认识，并在自身的发展变化中始终能做到较好地悦纳自己，如悦纳自己的优势和不足以及自信培养、良好自我形象建立等。

（二）学生心理行为问题矫正

这是面向少数具有心理、行为问题的学生开展心理咨询、行为矫正训练的教育内容，多属矫治范畴。具体而言，包括学习适应问题，主要指围绕学习活动而产生的心理行为问题，如考试焦虑、学习困难、注意力不集中、学校恐怖症、厌学等问题的咨询和调适；情绪问题，主要指影响学生正常生活学习与健康成长的负性情绪问题，如抑郁、恐惧、焦虑、紧张、忧虑等情绪的调适与辅导；常见行为问题，主要指在学生生活、学习中表现出来的不良行为特征，如多动、说谎、打架、胆怯等行为的咨询与矫正；身心疾患，主要指因心理困扰而形成的躯体症状与反应，如神经衰弱、失眠、疑病症、神经性强迫症、癔症等身心疾患的治疗和矫正；性行为问题，主要指由于性心理障碍而产生的各种性变态行为等的矫正与治疗，这一问题在中小学生中出现的比例较少。

（三）学生心理潜能和创造力开发

心理学研究表明，人具有巨大的心理潜能，中小学时期是心理潜能开发的最佳时期。为提高民族素质，应加强重视学生心理潜能的开发和创造力培养。因此，心理潜能开发和创造力培养也是学校心理健康教育面向全体学生的重要教育内容，主要包括通过特殊的教育训练活动对学生进行判断能力、推理能力、逻辑思维、直觉思维、发散思维及创造思维等各能力的训练和培

养，同时包括对学生自我激励能力的训练等以提高学生创造的自主意识与能动性。

三、心理健康案例分享

案例 1：心理健康月活动

学校积极参加市区组织的心理健康月活动——"暖心抗'疫'·一路有你"果蔬堆砌画活动，通过果蔬等自然元素的身心疗愈力量，助力学生健康成长，学生在活动中发挥了动手创新能力，同时启迪了心灵。

学校组织开展心理健康教育专题家长会、家长会上，就学生心理健康成长、习惯养成等问题，做了深入演讲，面向家长普及心理健康知识，推送家校心理成长课，深化家校共育。同时请家长配合进行了心理问卷调查，以便多方位掌握学生心理动态，给予学生及时的帮助。邀请天津市家庭教育研究会理事陈开颜教师，在线开展了一次以"亲子沟通的有效策略"为主题的公益直播课程，为家长解惑释疑，引导家长更加正确有效的开展亲子沟通，优化家庭教育理念。学校组织学生家庭开展了多项亲子游戏活动，引导父母与孩子一起进行"翻花绳""拍画片"等传统游戏，在游戏中父母及时了解到自己孩子的情感和认知状况，使孩子通过互动游戏转移或缓解可能存在的焦虑不安情绪，同时在游戏的过程中拉近了亲子距离，培养了父母与子女的默契程度，促使家庭关系更加和谐美满。

此外，学校还利用多平台联合宣传心理教育相关活动知识，面向全体师生、家长及社会大众广泛宣传心理健康的重要性，内容主要涉及以下三方面：学生心理关爱：引导学生合理控制情绪、合理抒发情绪；家长心理辅导：引导家长保持情绪稳定，积极关注孩子心理变化；教师心理疏导：引导教师及时进行自身心理调节，多与同事、朋友交流，为自己营造良好的支持系统，积极适应当前工作模式。

案例2：新型冠状病毒肺炎疫情紧急心理危机干预

根据《突发公共卫生事件应急条例》《天津市突发公共卫生事件应急预案》《新型冠状病毒感染的肺炎疫情紧急心理危机干预指导原则》等要求，为预防和减少新冠肺炎防疫时期心理应激反应，进一步关注和保护师生和家长的身心健康，我校根据上级指示精神并结合本校实际，将"加强心理干预与疏导、有针对性做好人文关怀"作为疫情防控期间心理支持工作的出发点与落脚点，全方位、多层次、多渠道开展心理健康教育。

在工作中，学校第一时间成立心理健康教育小组，将新型冠状病毒感染的肺炎疫情心理危机干预工作纳入疫情防控整体部署。

针对不同人群面临的不同心理问题，提出具体的干预措施．我校将人群细分为四级人群，其中确诊患者以支持、安慰为主；轻症隔离人群以健康宣教、鼓励配合、顺应变化为主；密切接触、疑似患者以及时宣教、正确防护、服从大局、顺应变化为主；防控人群以健康宣教、指导积极应对、消除恐惧、科学防范为主。

具体而言，我校响应了多种应对措施。如录制健康教育课—《新冠肺炎知识科普》、整理推送小学生防疫绘本、学校官方微博发起了"小小学子、心系武汉"活动、学校微信公众号推送心理防护相关知识科普等活动。一方面指导学生及家长正确认识新冠肺炎，在做好自身防疫的同时，坚定"战疫必胜"的信念；另一方面让学生了解到防疫期间有各行各业的一线工作者，

如医务人员、病毒研究人员、军人、环卫工人等都坚守岗位，无私奉献，为学生及时传递榜样的力量。

居家锻炼，身心健康最重要。我校在疫情期间不间断向广大师生、家长推荐家庭室内健身项目，如八段锦，鼓励师生、家长科学作息，坚持锻炼，增强免疫力和抵抗病毒感染的能力，同时为家长推荐学生喜闻乐见的亲子心理小游戏，调节紧张的疫情氛围，让绷紧的心灵暂时得到慰藉；同时拉近亲子距离，使家庭关系更加和谐。

引导师生正确认识疫情形势，客观认识和疏导不良情绪，最大限度降低疫情的次生灾害，消除因疫情而产生的恐慌情绪，缓解有关人群过高的心理压力，降低突发事件的心理社会危害，促进危机后心理健康重建。

经过努力，学校心理工作开始向高起点、高目标努力。自建校以来始终将心理健康教育纳入素质教育的发展规划，并逐步规范化、科学化，为心理健康教育的发展提供条件，积极通过多种方式对不同年龄层次的学生进行心理健康教育和指导，以期健全学生人格，培养学生良好的心理素质，促进他们身心全面和谐发展。

第五节
家庭、学校、社会"三位一体"教育体系构建

　　学生在家庭中接受抚养，在学校里享受教育，在社会上体验处世，其成长离不开家庭、学校和社会，就如同植物离不开土壤、水分和阳光。学校致力于构建家庭、学校、社会"三位一体"教育体系，形成学校教育、家庭教育、社会教育资源共享、教育活动长效一贯的互动式、共进式发展局面，为学生打造最优的学习成长环境，最终构建起全方位、立体式、开放化大教育格局，促进学生全面和谐发展。

　　教育是一项系统复杂的工程，需要全社会的共同参与。为了发挥教育的功能，我们必须树立一种全新的观念，打破学校和社会的界限，以家庭为基础、学校为主体、社会为平台，把学校、家庭、社会三个方面力量有机组合起来，努力构建"三位一体"的教育网络，共同营造有利于学生健康成长和全面发展的良好环境。

一、家庭教育含义及意义

（一）家庭教育

家庭教育是整个教育体系中不可分割的重要组成部分，它关系到中华民

族整体素质的提高和少年儿童的健康成长。家庭教育是指在家庭生活中家长自觉地、有意识地按社会培养人才的要求，通过自身言传身教和家庭生活实践，对子女实施一定教育影响的社会活动。因此家庭中父母的作用是举足轻重的，父母是孩子第一任乃至终身的教师。父母的素质直接影响到家长对子女教育和对学校工作的支持程度。良好的家庭教育是少年儿童成长的摇篮，又是学校教育和社会教育的基础，是学校教育的补充，从根本上说家庭教育就是"教子做人"。做人是立身之本，良好的品质是成才的基础。

父母要想把孩子培养成一个适合社会高速发展需要的高素质人才，父母首先要改变自己的教育观念，学习现代的教育理念和科学的家庭教育方法，提高自己的教育素质和对孩子的教育能力。对孩子因材施教，重视父母的榜样作用，养成好习惯，和孩子一起成长，按照孩子的接受程度，给孩子提出合理的目标和要求，对孩子不要过高的期望。

（二）社会教育

广义的社会教育，是指旨在有意识地培养人、有益于人的身心发展的各种社会活动；狭义的社会教育，是指学校和家庭以外的社会文化机构以及有关的社会团体或组织，对社会成员所进行的教育。社会教育日益发展，尽管在整个教育体系中还处于辅助和补偿地位，但越来越显示出了不可替代的作用。良好的社会教育有利于对学生进行思想品德教育，有利于学生增长知识、发展能力，有利于丰富学生的精神生活，有利于发展学生的兴趣、爱好和特长。青少年都有自己的兴趣和爱好，这些兴趣和爱好若能及早得到培养，就能形成特长，表现出某一方面的才能。这无疑会加速学生的和谐发展。

学校的教育，很难适应同一班级中不同兴趣爱好和发展水平学生的个别需要，社会教育可以弥补这些方面的不足。教师根据学生的爱好，有意识地引导他们参加校外教育机构的专门活动，如电脑维修、琴棋书画，使学生在自己爱好的活动中施展才华、发展特长、增长聪明才智，进而独立运用自己的知识和智慧去发现问题、分析问题、解决问题。许多学生接受更多社会教育，成为运动员、演员、电脑高手，为学生全方位发展提供了一条新路。

社会教育是一种活的教育，它的深刻性、丰富性、独立性、形象性远非学校教育可比。协调社会教育力量可培养学生积极参加社会活动的能力，能将分散的、自发的社会影响纳入正轨。社会教育的好坏依赖于国家法律法规的建设程度和整个社会教育大气候的形成，这需要全社会较长时间的努力。

（三）学校教育

学校教育是由专业人员承担，在专门的机构，进行目的明确、组织严密、系统完善、计划性强的，以影响学生身心发展为直接目标的社会实践活动。学校教育是个人一生中所受教育最重要组成部分，个人在学校里接受计划性的指导，系统地学习文化知识、社会规范、道德准则和价值观念。学校教育从某种意义上讲，决定着个人社会化的水平和性质，是个体社会化的重要基地。知识经济时代要求社会尊师重教，学校教育越来越受重视，在社会中起到举足轻重的作用。

学校教育在青少年的发展过程中起主导作用这是毋庸置疑的，也是青少年健康成长所不可少的。青少年在校接受教育期间，正是他们身心发育的最佳阶段，人生观、世界观正处于形成时期、智力发展也处于最好时期、求知欲、接受能力最强，他们只有在学校有目的的正确教育和引导下，才能掌握大量的科学文化知识，全面发展自己。

二、家校联合，共助成长

如今，家庭在孩子教育中的重要性正逐渐被人们所认可，我们也正在实践着家长教育资源的开发和利用。充分利用家长人力资源，将家长纳入班级教学与管理中来，创立一种新颖的，多方位的管理模式，对于改进班级管理与教学效果，以及减轻班主任工作负担，都有不可估量的深远影响。西方的一些国家早已建立了成熟而先进的家长志愿者协会，极大地促进了教育的改革与实践，学校积极吸收西方成功先进的教育教学和管理经验，主动邀请家长参与到班级管理中，充分发挥家长的教育和管理作用。

（一）家长参与管理

班级建设中，不应该是教师孤军奋战，而应该是教师与家长携手共创。教师要能通过各种途径，力求将班级的工作情况，及时通报给学生家长，并努力创设条件，让家长积极参与到班级的管理当中来，让家长做班级实实在在的管理者。在实践中，我们的具体措施有：

1.建立社群

学校建立了飞书、微信等社群，如果有学生没有开通的，马上与家长联系，了解原因并说服家长，保证与班级中每一位学生的家长有联系。这也保证了教师和家长之间及时、有效地沟通。这不仅仅是教师给学生家长发发家庭作业，更多的功能应该是教师和家长之间交流、沟通的平台。教师鼓励家长向班级提供信息，可以是关于如何教育孩子的经验方法，可以是班级管理的意见、建议，也可以是在家里教育孩子时遇到的棘手问题等。这些信息都可以通过平台发给教师，教师再分享给其他家长，教师和家长共同探讨，实现班级的共同管理。

2.开发家长物力资源

班级的活动课程、环境布置等，需要许多有助于活动开展的物品。如环境布置、队角、学习园地中的小装饰、黑板报的内容等，引导家长的积极支持和参与，能收到很好的效果，也是让家长参与班级管理的途径。

（二）家长参与教学

在国外一些小学的课堂上，家长常常被邀请或者志愿到课堂上参与辅助教师教学或主教某些课程。家长的工作包括制作简单的教具、整理图书，帮助展示教具，组织小组活动，或者是管理课堂纪律，布置班级墙上各类园地甚至批改学生作业等。北辰小外充分借鉴这一活动形式，开展"家长进校园"，很多家长反映这一项活动别具意义，不仅能关注孩子的学习状况，还能与教师携手共同对孩子进行良好的教育方法。

家长资源是一片沃土，学校的家长从事着各自不同的职业，各种职业都带有自身的专业性和特殊性，因此在教学中，根据需要，学校设计活动，邀请家长到课堂上辅教或者主教某些课程，发挥家长职业中的专业优势，鼓励家长利用自己的专业资源为班级教育服务。这样不但可以活跃课堂气氛，提高课堂教学实效，而且使家长与教师成为亲密的合作伙伴，加强家长与班级的教学与管理的联系，最大程度发挥家长的参与途径和效果。家长的资源是无穷的，我们要有效利用这些资源，把这些资源有效地运用到我们的教学中来，这样就能使我们的教育更加丰满，更加实在，更加生动、形象，提升教育的时效性。

让家长成为班级的教育者，参与班级教育，也能使班级学生与家长之间

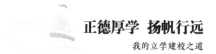

的距离缩短了，共同语言变多了，感情得到了升华。特别是由家长讲课，学生听起来会感到特别亲切，也让班级学生对自己的父母有了更全面地认识，更懂得尊重父母。

（三）家长教育家长

建立家校联合，也为家长之间沟通交流提供了便利，为其相互学习提供了可能。家长提高家教水平，可以大大促进对学生的教育效果。一些优秀家长的家教情况是最生动的教材，最易为其他家长学习仿效，因此，教师应该做个有心人，善于发现和利用家长中的家庭优秀教育人才。如与家长的交谈中发现，家长有好的教育方法与经验，与学校的教育理念很吻合，对其他家长起到启发与借鉴的作用。可以组织他们在家长会上向其他家长宣讲家教经验，形成另一种有效教育途径。

再如，在日常教学中得知家长做得好的教育案例，教师可以及时用校信通的方式发给班级中的其他家长。我们的家长虽然来自不同的工作岗位和层面，有着各自的思维、性格和行为方式，但他们有个共同的目标，即让自己的孩子受到良好的教育。家长与家长之间的距离感较近，共同语言多，采用这种"家长教育家长"的方法，家长们会感到特别亲切，不仅带动了家长间的相互交流、相互启发，促进了家庭教育的发展，也能给班级带来积极有效的进步。

（四）家长对孩子的个性教育

"父母是孩子第一任教师。"父母是天然的教师，他们对儿童，特别是幼儿的影响最大。一个母亲对孩子的教育作用比得上一百个教师。

俗话说："子不教，父之过。"古往今来，千百万有作为、对人类有贡献的人，自幼都是在父母的严格教育和影响下成长起来的。古代的"孟母断机"的传说，是教育孟子从小应该养成不辍学、不半途而废的好品性。孟母的严格教育与要求，使孟子成为中国历史上伟大的思想家。宋代"岳母刺字"，是教育岳飞"精忠报国"，终于使他成为万世流芳的爱国民族英雄。

家庭教育既是摇篮教育又是终身教育。家庭教育不是学校教育的简单重复，而是与学校教育互为补充的一条重要途径。因此在教育学生的过程中，我们应该认识到家长时刻在学生周围，与学生直接接触并影响他意识和行为，从而有效开发和利用这一特殊教育资源。

一是增强家长的教育意识。这里所说的教育意识是指家长能够抓住学生生活中的一切因素进行行之有效的教育。如同样是带孩子散步，有的家长和孩子之间的交流少，而有的家长则会及时与孩子聊天，让孩子谈一谈一日生活情况：今天过得怎样？什么事使你开心？今天你向老师提了哪些问题等。

二是指导家长采用有效、适宜的教育方法。如爱听故事是大多数孩子的天性，有的家长给孩子讲故事只是机械地讲，孩子被动地听；而有的家长讲故事时绘声绘色，常常讲到某个段落就戛然而止，把后面的情节留给"小听众"自由想象，长此以往培养了孩子的创造力、想象力，对孩子今后的成长具有极大的好处。针对家长文化素养、教育意识等因素的差异，教师可以采取家长会、家长信箱、经验交流会等形式向家长宣传科学育儿知识。

教师虽有教师的教育方式，但他面向的是大众学生。而我们的家长面对自己的孩子，采用的是他们的"个性教育"方式。所以教师如果能够取得家长的通力合作，那我们对孩子的教育就不会是脱节的、游离的。没有沟通，各行其道，单一的学校教育和脱离家长资源的教育必将因为教育者不全面了

解孩子而导致教育的失败和无助。

学校教育就如一棵树，它的生长离不开家庭土壤、社会天空，土壤越肥沃，阳光雨露越适宜，它就越会枝繁叶茂。因此，学校为了办好学校教育，全面全方位实施好素质教育，就必须立足学校，寻求家庭和社会的参与配合与支持，才能收到良好的教育效果，才能使素质教育和新课程改革顺利进行，促进学生健康成长。

第六章

行 稳 致 远

——开启高效品质教学

在新课改理念引领下，当前的课堂教学改革可谓日新月异，从关注理论到注重实践，各级各类教研、教学部门从未停止探索的脚步。当课堂有效教学已经成为常态，我们有理由把目光抬高一点，看远一点，完成从"有效课堂"到"高效课堂"的转变。可是，究竟什么样的课堂可称之为高效？开启高品质教学，实现"高效课堂"的转变不是一朝一夕之功，需要北辰小外"上下求索"，不断总结。

第一节
建设符合国际型人才素养培育的课程体系

　　面向世界培养国际型创新人才是我国教育在新经济时期面临的新使命，也是一项至关重要的、具有挑战性的关键工作。本节以北辰小外在学生全球化能力培养方面所进行的探索为例，总结经验、提出问题，以期进一步为全球化人才培养的国际化课程体系工作，提供建议和参考。

　　开启高品质教学，实现"高效课堂"的转变，从课程体系建设抓起。课程体系建设的逻辑起点是育人目标，而育人目标的上位是教育理念和办学理念。课程体系的建设不仅包括课程设置，还涉及课程管理和课程资源等内容。因此，课程体系的建设成为学校育人体系建设的一个杠杆，整体撬动了学校育人模式的变革，形成学校办学特色。因此，学校课程改革追求的应该是学校课程体系的建设，倘若我们能够认真做、坚持做和创新做，就一定能够走出符合时代要求、学生需求、学校追求的理想之路。

　　如下为课程结构：

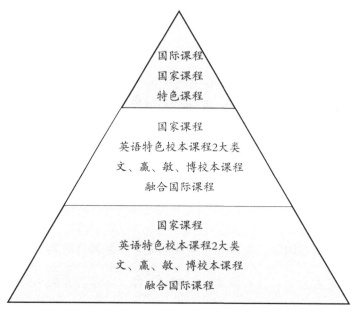

国际课程
国家课程
特色课程

国家课程
英语特色校本课程2大类
文、赢、敏、博校本课程
融合国际课程

国家课程
英语特色校本课程2大类
文、赢、敏、博校本课程
融合国际课程

说明：除英语校本课程外，其他校本课程本着着眼学生个性发展、自主选择的原则，根据师资配备情况分学做、分阶段开设。

五大课程体系

 国家和地方课程（天津市课程标准）

 外语特色课程（原版教材）

 外语特色校本课程（3—4类）
培养学生听、说、读、写、译的基本能力；第二外语的选修课程

 光华国际课程适学段融入，雅思等

 基于培养综合素质和能力的校本课程

行稳致远——开启高效品质教学

一、为培养国际型预备人才走好外语特色第一步

"一训三风"将素质教育的要求真正落实到学科教学中。在明确小学阶段英语课程的目的前提下，激发学生学习英语的兴趣，培养英语学习的积极态度，建立初步的学习英语的自信心，培养一定的语感和良好的语音、语调基础；形成初步用英语进行简单日常交流的能力，为学生终身发展服务。对学生进行英语"问好"的语言习得培养，寓德育与语言意识培养于最基本的学习生活之中。

在传承小外的传统优秀外语教学的理念和方法的基础上，工作中更注重打造独具自己特色的外语教学模式，以活动促教学，为学生创设更多更好的语言环境，并以此作为教学辅助。有了这样的外语教学指导思想，我们在教育教学中搞了如下的活动：

（一）培养国际型预备人才——外语各项活动及其培养作用

为突出外语特色，学校举办了"英语问候语"普及周、英语绘本课活动、外语周（小小外语节）、绕口令、英文歌比赛、小小英语书法家评比、英语手抄报评比展示、口语大赛等活动。这些形式多样、精彩纷呈的活动，为学生搭建了一个又一个展示自我的平台，在校园里掀起一轮学英语、用英语的活动高潮。第一届外语节旨在让学生有平台展示自己一学期以来的英语学习成果，让家长看到孩子的成长，也能让外界了解学校的外语活动特色。活动从听、说、读、写等方面全面展示了学生在英语方面的学习成果，共举办了三项热身活动及最具有外国语学校特色的口语大赛。

让学生亲手制作富有个性的作品。小学英语课本中许多内容都是紧密联

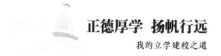

系学生生活的，选择的话题也是以小学生的实际需要为出发点，都是学生的身边人、身边事，因此教师们围绕这些内容设计了一些个性化的活动。这次英语节活动中，我们设计了手工制作比赛，学生接到任务后都兴致勃勃地忙开了，不同的学生有不同的内容。有的学生板报设计别具特色，有的贴上了漂亮的图画，有的用自己设计的英文字体来书写……一年级的课程表也毫不失色，漂亮的封面，同学们还饶有兴趣地互相观看、评论，参与的积极性非常高。

选唱自己喜爱的英语歌谣。学生们把平时在课上学到的英语歌谣，英文绕口令背下来，在外语节中进行展示，激发了学习兴趣。在英语节的各类英语竞赛活动中，学生们都会有不同的感想和收获，于是就要求他们在认真参与的同时，多观察，多思考。活动结束后把自己的感想和收获通过各种形式记录下来，作为自己的学习心得，加上图片、照片展示在班级的橱窗里。这样学生参与活动的积极性更高了。

小小英语榜。小学生对学习的自信心主要还是来自外部的评价，学生自信心的提高是一个持续的过程，所以在英语节活动中，我们设计的评奖制度倍受学生的喜爱，是学生展示风采的舞台，也是获得有层次的积极评价的机会。只要学生在英语节愉快的合作、一点一滴的发展和进步，都可以得到奖状。奖状有集体的，也有个人的，在此基础上，进一步贴出"英语榜"，增加学生学习英语的动力。

丰富多彩的活动一次又一次点燃了学生的激情，活动不仅丰富了学生的校园生活，更为学生提供了一个锻炼自我、展示自我、张扬个性的舞台，体现了英语学习"从课堂中来，到生活中去""活学活用，学以致用"的良好效果。通过组织这些活动，师生都有不同的收获。他们在各项比赛中都发挥了自己的应有水平，收获了荣誉也收获了快乐。

（二）培养国际型预备人才——外籍教师授课、参与活动的重要作用

培养学生良好的学习习惯及听说读写技能和综合语言运用的能力是外籍教师教学的重点。学校每节外教课都配备助教，既辅助外教教学，又在学生遇到困难时提供帮助。针对外教，学校规定具体的教学内容，充分发挥外教的工作积极性，负责教师和任课教师跟听外教的每一节课，有问题及时与外教沟通，教师们也可以充分利用外教上课的机会向外教学习好的教学方法以促进自己的教学。在学校所开展的各项活动中，加强外教的参与度。无论是运动会，还是外语节中各类比赛展示活动，都能看到外教的身影。同时，外籍教师会根据小学生学习的特点创建活动课和任务型的教学模式。采用韵律儿歌、歌曲、表演等教学方法，鼓励学生大胆运用英语。

二、培养具有中国精神的创新型预备人才

基于对国内外先进教学思想的深入研究，学校构建了符合学生特点的语数课程体系，为学生形成正确价值观，适应未来学习生活，为实现终身发展打下坚实有力的基础。语文、数学课程坚守民族文化本位，秉持开放式教育理念，倡导自主合作的学习方式，在完成国家教育课程计划的基础上，为学生提供了多种活动渠道和内容。

（一）渗透学科素养的课堂教学

一年级的语文、数学课堂教学注重良好习惯的养成、基础知识的巩固和各项能力的提升。教师团队面向全体学生，聚焦学科素养，精选教学内容，

在提倡的"25+10+5"的课堂教学模式下，打造教法灵活多样的高效课堂。

一年级语文课堂教学以语言建构与运用为主，渗透思维、审美、文化等学科核心素养。课前5分钟演讲是日常阅读成果的展示平台和口语表达能力的锻炼机会，有助于学生能力梯次发展。充分发挥小班教学优势，第一学期，每名学生都得到了一至两次分享的机会，由入学之初教师提供材料、悉心指导，到如今学生根据兴趣自选演讲材料、自主排练，每位学生都能自信从容地完成演讲。

新授课运用字理识字、字族识字等多种识字方法，学生由入学初认识汉字到如今喜欢汉字、独立识字，进步显著。语文课堂还重视语感的培养，学生在教师的指导下进行朗读训练，人人争做班级"领读员"。每堂课保证学生二十分钟练习写字，教师高标准的评价，学生人人参与的互评，从入学初书写第一个汉字——"人"，到如今成为书写美观的小小"书法家"，学生养成了良好写字习惯、提高了写字能力和审美素养。从会写字到会运用新学的词语写话，从语言建构到语言运用，高效的课堂教学促使学生实现语文学习质的提升。

通过数学课与数学活动课的相互配合，培养学生的数学思维品质。课前五分钟是思维的体操：抓口算、重归纳、精炼题，培养学生思维的敏捷性、深刻性和独创性。学生由入学之初的缓慢计算到现在的快速计算，逐步提升计算速度与能力；由入学之初听教师归纳到现在自主归纳，不断掌握归纳技巧；由入学初的帮解题到现在的自解题，思维敏锐性得以提升。学生在数学课堂上不断习得新的知识技能，再通过巩固练习，追求数学思考、问题解决、情感态度等多方面目标的整体实现。

数学活动课侧重学生的动手实践、自主探索与合作交流：通过加法宾格活动，提高学生计算速度和积极性；借助数学学具"小棒"展开奇妙的数学实践活动；以"天平代换"活动建立数学与生活的联系，注重观察、分析、多步推理能力的培养……在活动中感受学习数学的乐趣，在乐趣中掌握知识、提升数学思维品质。

语文课对于直觉思维、形象思维等的培养，数学课对于倾听和语言表达规范性等方面的要求，体现了我校语数学科课堂教学的同一性。

（二）凸显学科特点的多彩活动

读万卷书，行万里路。语文学科注重读书、积累和感悟，学校为一年级学生举办了以语文活动为核心的"读书月"活动。从入学之初开笔礼的"诵读经典"到"读书月"的兴趣阅读，学生走出语文课堂，更深刻地感受语文的魅力。"21天打卡"、基于语言的绘本阅读课、午间兴趣阅读、"故事大王"的评选、"读书之星"、班级图书角的启动、"班级图书管理员"的聘任……"沁书香"读书月活动，为培养学生阅读素质、综合素养、"与书为伴"终身学习的意识，打下了良好的基础。

围绕数学学科注重思维训练的特点，组织了"HAPPYMATHS, BRIL-LIANTLIFE"系列数学活动，一年级学生们争做速算小状元、创编班级问题集、绘制本学期数学知识思维导图，在活动中启迪智慧、体验快乐。在数学活动中，学生们以动手实践、合作交流等方式体验了生动活泼、富有个性的数学学习过程，丰富了数学学习形式，完成了一场"思维的赛跑"。

虽然读书月、数学周时间短暂，但学生每日阅读的热情、创编数学问题的积极性有增无减，这是学校通过活动给予学生的最好的礼物。学校微博特

别为学生搭建了每日"阅读时间"活动的平台，这一活动在巩固学生阅读习惯的同时，也鼓励学生表达自己的想法，是语文综合性学习的课外延伸。

此外，语文、数学每日的晨读活动、学生优秀书法作品展示、数学随堂讲题活动，与读书节、数学周等活动共同丰富了学生的课程学习形式。凸显学科特点的活动与渗透学科素养的课堂教学珠联璧合，构成学校独具特色的语数课程，让每个学生都能快乐学习，获得日新月异的进步。

（三）倡导自主合作的学习方式

从课堂教学到学科活动，语文和数学学科倡导自主合作的学习方式，培养学生主动探究、团结合作、勇于创新的精神，关注每个学生独特的兴趣和特长，帮助他们实现自身的发展。

自新生入学之初至今，教师精心组建小组并调控小组分工，角色已逐渐转变为学生学习的参与者和激励者，自主合作的学习方式在语文、数学课堂初步形成，学生口语交际能力也随之提升。

语文、数学学科活动鼓励学生根据不同的学习需求自主选择、自由参与、合作探究，以个人兴趣带动班级、学校学生的普遍兴趣，浓厚的学习氛围已悄然形成。

兴趣是最好的教师。教师针对每个学生不同的兴趣类型，给予个性化自主学习的推荐：为喜欢写字的学生推荐优秀字帖，成立书写小组，提供展示平台；为求知欲强且学有余力的学生推荐课外书；为思维活跃、勤学善问的学生提供思考的机会，成立班级问题集编委会，结合学生的知识基础，引导学生提高编题水平，提升思维品质。

不到一学年的时间，每个学生都能有所热爱，努力坚持，取得了令人欣喜的进步。语文、数学学科通过自主合作的学习方式保护学生珍贵的好奇心和求知欲，小小年纪的他们还拥有了团结合作的意识和挑战困难的勇气，这些细小却闪闪发光的精神品质的萌芽，为学生茁壮成长、适应社会生活提供了隐形的保障。

（四）开放而有活力的语数课程

在国际文化背景下，在"融中西文化，育国际英才"的办学理念和外语突出的办学特色下，做到保有中华民族文化的特性，持有民族文化的自信心态，并以开放的眼光接受外来文化的补充，是语文课程独有的责任。

重视创新型人才培养，数学课程从一年级做起，创新意识的培养伏脉于数学教育的始终：数学课的教与学、班级问题集的创编，让学生自己发现和提出问题，奠定创新的基础；计算理论的探究，学生独立思考、学会思考，触及创新的核心；学生归纳图形特点，得到规律，是创新方法的初步探索。

课程的设计与实施还注重信息技术与课程内容的整合。我们开发并向学生提供丰富的学习资源，把现代信息技术用于语文课堂情境的创设、数学活动课的辅助之中，学生身临其境地走进语文，获得真切的情感体验；全心全意地投入到现实的、探索性的数学活动中。

语文和数学渗透学科素养的课堂教学和凸显学科特点的多彩活动相得益彰，使学生增长知识、提升能力，初尝合作探究的快乐，收获热爱与坚持的成就感，民族文化的薪火、创新进取的种子，是帮助走向世界的源动力，而这一切对朝气蓬勃的一年级学生来说，只是刚刚开始……教师团队不断自我调节、更新发展，孜孜不倦地投身开放而有活力的课程建设之中。

语文课注重对学生直觉思维、形象思维等能力的培养，数学课注重培养

学生对倾听和语言表达规范性等方面的要求，体现学科课堂教学的同一性。这是通过活动给予学生的最好的礼物。

三、培养全面发展的人，为学生全面发展走好第一步

（一）培养音乐素养的各项学科活动

1.课堂律动"五分钟"展示——培养学生感受音乐的能力

一年级学生的思维以具体形象思维为主，行为表现为活泼好动、好模仿，对音乐的理解能力有限，没有形成良好的学习习惯，对音乐教学中抽象的音乐知识难以产生基本的理解。体态律动能够将比较抽象化的音乐知识具体化、生动化，把音乐和人体动作有机结合在一起，让学生通过身体的规律运动自然地体会音乐中的节拍与韵律，进而提升学生对音乐学习的兴趣与参与度。

在第一学期的音乐课中，每堂课都安排了一定量的律动练习及展示。例如：在第二课《其多列》这首哈尼族民歌中，教师根据不同的歌词加入律动练习。在演唱这首歌时双腿并拢、双手叉腰，一拍一次有节奏地上下屈膝颤动。在演唱"大路旁的小树叶，随风吹动随风扬"时，双腿动作仍保持上下颤动不变，双手举过头顶，手掌模仿树叶左右摆动的样子；在演唱"彩色书包背身上，高高兴兴上学去"时，双手握拳曲肘至肩前，跟随节奏上下摆动，模仿背书包的样子。

第一学期，学生通过每堂课循序渐进地律动练习，共进行了二十余次律动展示，从被动的"接受"律动练习，逐渐转变为"主动"创编并展示，不仅提高了学习歌曲的兴趣，也在潜移默化中将各种律动转化为音乐知识。

2.唱、奏、演"十分钟"综合展示——培养学生音乐表现力与创造力

《小学音乐课程标准》中明确指出"所有的音乐教学领域都应重视学生的艺术实践，积极引导学生参与演唱、演奏、聆听、综合性艺术表演和即兴创编等各项音乐活动"。歌唱教学是小学音乐课堂教学的基本内容之一，也是学生最易于接受和乐于参与的音乐表现形式。

在第一学期的音乐课中，以音乐实践活动为载体的唱、奏的展示贯穿始终，且占有相当分量的课堂比重。如在第四课《咏鹅》中，学生不仅能够用自然的声音有表情地演唱歌曲，还用木鱼和碰钟两种乐器做歌曲伴奏。在歌曲的前奏处，学生加入了朗诵环节，在第二乐段中根据歌词创编了相应的动作。虽然歌曲篇幅短小，但学生能多元化地运用所学知识，丰富歌曲的表现形式。

通过一个学期的课堂实践活动，学生能够运用正确的表情和自然的音色熟练演唱十六首歌曲，还能熟练运用六种课堂常见的打击乐器，自主进行伴奏创编，且完成了七首歌曲综合性唱、奏的表演。

3. 培养学生音乐综合素养——课外实践活动

在第一学期中，学校根据教师特长开设了童声合唱校本课，通过十余堂合唱课，学生们初步了解合唱这一演唱形式，并能积极参与课堂练声。在第一学期末首届外语节中，合唱团首次亮相演出了两首合唱作品，获得家长一致好评。

学生们通过合唱，在音乐素养方面，学习了合唱的基础知识，了解基本的发声技巧，锻炼了音乐记忆能力和理解能力，感受世界音乐文化的多样性和丰富性，拓宽音乐视野。在团体协作方面，学生更加真切感受合唱作品，懂得合唱是要每个成员齐心协力，相互配合，无形中提高审美情趣，陶冶

情操。

（二）培养美术素养的学科活动

1. 造型与表现"五分钟"——培养创作能力

美术课上设有"五分钟"造型与表现活动，这是美术学习的基础活动方式，强调自由表现和大胆创造。例如《我的新朋友》《过年了》，分别为表现和设计的内容，通过对生活中常见的人和物的观察思考，利用手中的工具和点、线元素知识的使用发挥想象，大胆创造，创作出了一幅幅生动的人物肖像和窗花、彩泥饺子、贺卡等手工制作作品。

2. 感受与表达"十分钟"——培养学生欣赏能力

教师在每堂美术课中都融入名作欣赏的知识内容，学生通过欣赏四十幅名家名品，逐步学习从多角度欣赏和认识自然美，了解美术作品中的材质、形式和内容特征，并能够运用简单的语言、文字表达自己的感受，在潜移默化中培养了学生的人文精神和审美能力。

3. 课外展示活动——培养学生基于美术课的综合能力

开设"趣味蜡笔画"活动，学生基本掌握了蜡笔画的作画流程，并能独立完成定点、起行、勾边、涂色的作画步骤。在了解美术语言的基本表达方式和方法后，学生能够自主进行创作，通过蜡笔表达自己的情感和思想。在学生自主创作的过程中充分运用了所学的美术技巧，发挥了创造精神，提高了美术实践能力。

设置绘本制作活动，结合学校读书节的内容，学生进行了 Three little pigs 和《神奇的变色龙》绘本制作，以班级为单位，按小组分工进行设计、制作、演讲绘本书。班级中每个学生都积极踊跃地贡献自己的力量，并在读书节展示周上自信地展示本班绘本作品。学生通过制作绘本不仅锻炼了美术技巧，也学习了绘本内容，及如何在实践中与同学团结协作。

绘制"巧手书签"，学生在读书节活动中通过创意构思、绘制、裁剪制作丰富多样的书签作品并和同学互相交换。学生可以利用身边的各种工具、材料进行制作，并积极参与书签互换活动，不仅体验到了亲手制作的乐趣，也提升了对美术学习的兴趣。同时，交换书签也让学生感受到亲密无间的友情。

（三）培养健康体质和意志的学科活动

通过开设课间体育活动，培养学生运动参与感及运动技能增强学生的健康体质和身体素质。

1. "体美"广播操

学校在大课间开展了丰富多彩的活动，主要以广播操为主要活动内容。广播体操是小学阶段锻炼和提升身体素质的最主要方式之一，也是开展小学阳光体育运动的重要组成部分之一。学生通过做广播体操不仅能够体现出阳光、健康的精神面貌，也锻炼了四肢协调能力和身体的稳定性。

在我校举行的秋季趣味运动会中进行了班级"体美"广播操比赛。通过比赛，学生们认识到班级中的每个人都代表了整个班级的形象，每个学生都要以班级为中心，跟着广播音乐的节奏，做到动作整齐划一，有效地促进了班级的凝聚力。

2. "耐力"长跑

入冬以后，大课间活动围绕耐力长跑展开，通过长跑，学生在体质健康和身体素质方面获得了良好的发展，感受到了运动的乐趣，也形成坚持锻炼的习惯。这锻炼了学生的体能和耐力，磨炼意志。

3. 开展民族体育活动

民族体育活动包括跳绳、踢毽子、投掷和老鹰捉小鸡这四类。学生在跳绳、老鹰抓小鸡等集体游戏中，提高人际交往能力，感受合作精神。

4. 校园运动会

学校举办秋季运动会，包含广播操比赛、团体比赛及个人比赛等项目。运动会以全体师生为主体，以体育为核心，以育人为目的，积极营造运动氛围。项目的设置不仅鼓励良性竞争，更强调人人参与、分工合作；不仅符合学生的年龄特点，充分体现出运动会的集体性与趣味性。

5. 五步拳校本课程

学校结合教师特长为学生开设了五步拳校本课活动，通过十余堂校本课程，学生了解了武术的精神，了解中华武术的起源，学会了五步拳的基本手法、步法，同时了解"武"的精神内涵。

通过五步拳，学生在身体素质方面提升了灵敏度、柔韧性与耐力；在意志品质方面培养了吃苦耐劳的精神和知礼懂礼的修养；在社会适应方面学习了建立和谐人际关系及良好合作精神的重要性。

学校从语文、数学、音乐、体育、美术各学科的教学内容出发，创新构建国际化课程体系和教学方案，并组织各具特色的课程活动，开阔学生视野，丰富校园文化，真正做到了以人为本，以学生为本，基于学校特点构建出一套国际化课程体系，为高素质全方面人才培养提供助力。

第二节
校本特色课程的确立与探索

　　学校特色是学校发展的驱动力量，是学校发展的灵魂。突出的学校特色决定着学校战略以及相应的制度策略的制定，决定着教育质量的提高和学校发展的速度，影响着校内各种资源的开发与组合，塑造着学校的品牌价值。学校坚持以质量求生存，以特色求发展，通过开发特色校本课程，促进学生的个性发展、促进教师的专业发展、促进学校的特色形成。

　　校本课程建设和管理，是国家课程改革的一大创新，它赋予了学校在培养学生的创新精神和实践能力上极大的责任和一定的自主权。学校把校本课程设计和实施的自主权交给教师，为教师营造自主、创新的环境；还可利用社会资源，实行课程招标。同时，学校要求教师充分发挥学生的主体性，给予学生充分的自主学习空间，使他们的兴趣、爱好和特长得到长足发展。

　　开发校本课程是为了补充国家课程和地方课程的不足。学校开发课程不仅可以和国家课程、地方课程形成一个完善的课程体系，实现对国家、地方课程的补充和延伸，使课程形成一个纵向结构，让课程内容充满活力。同时，在开发校本课程中，从教师、学校等不同角度体现了对学生个性发展的关注

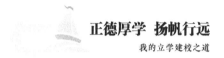

与重视。校本课程的实施从学生的兴趣、需要，情感和个性特长出发，为学生创造丰富多彩的教育内容和教育情境，学生通过亲自体验、实践活动、自主学习和自我调适，会大大提高他们的个性化学习能力，促进他们创新品格的形成。北辰小外经过摸索和建设，形成了一套涵盖内容丰富、实操性强的校本课程体系。

该课程体系包括"文""赢""敏""博"四个板块。"文"即优秀传统文化课程，包括优秀传统文化及思想教育、社会主义新时代思想文化教育等。"赢"即综合素质培养，包含涉及艺术、体育、劳动技术、创新能力；"敏"即培养学生学习习惯和生活各类知识，旨在提升学生的社会生存和生活能力；"博"即开阔学生视野的课程板块。此四大板块分别对应学生所需能力的某一方面，最终实现学生的全面健康发展。

特色校本课程的开发，遵循科学与校本课程相结合、生活与校本课程相结合、兴趣与校本课程相结合、文化与校本课程相结合的原则。从切实提高学生素养需要出发设置系统的特色校本课程，实现学生的个性发展；教师挖掘各类课程要素，提出各类课程具体目标，追求课堂教学的有效性和感染性，最终掌握科学的育人方法，形成自我的教育、教学风格，实现了自我发展；学校完善了办学理念，改革了学校管理，追求校园特色品牌的形成。

北辰小外通过深入进行特色课程校本开发研究，推动了特色学校的建设，最终把学校建设成为具有特色的品牌学校。认真研究校本课程，积极开发校本教材，并有效的利用校本课程，培养出更多有个性、有特色、学有所长的人才，促进学校特色的形成，为学校的可持续发展注入活力。

第三节
积极实践 "25+10+5" 的课堂教学模式

一节课 40 分钟，如何实现高效课堂呢？夸美纽斯提出了教学的自觉性和主动性原则，知识是教学过程的一个载体，是学生学习活动的副产品，是水到渠成的结果。因此，学校积极尝试 "25+10+5" 课堂教学模式，摒弃教学中的花哨，扎扎实实地向课堂要质量。

如何最大限度地提高单位时间内的教学效率，是当今素质教育实践的方向。针对传统课堂教学存在的 "费时多，收效低" 这一现象，通过实践发现，在中小学课堂中运用 "25+10+5" 课堂教学模式实施 "新授 25 分钟 + 尚美 10 分钟 + 精彩 5 分钟" 这样的精讲精练，能有效减轻中小学生的学习负担，促进学生智力和个人综合素质的发展，使课堂教学做到 "投入少，高产出"。

一、解读 "25+10+5" 模式

"25+10+5" 时间分配模式（以下简称 "时间分配模式"）将 40 分钟课堂教学分为："新授 25 分钟" ——学生学习新的语言知识、提升言语技能；"尚美 10 分钟" ——生字书写练习，写字技能与日俱进；"精彩 5 分钟" ——学生个人演讲，聚焦语言运用。运用时间分配模式的低年级识字课堂教学，每节

课都有书写、表达等学生活动时间，持续性学习将促成质的飞跃，也便于系统地评价学习效果；各时段学习内容紧紧围绕学生语言建构与运用素养的培养，目标指向明确，并以"精彩5分钟"作为拓展，有利于学生能力的梯次发展。

（一）"精彩5分钟"学生拓宽语言运用的选词范围

二年级的"精彩5分钟"在学生自由表达的基础上提出新的要求，即学生不仅要运用一个以上一课积累的新词，还要运用至少一个在课外阅读中积累的好词，在5分钟内让"精彩"冲破课堂"边界"，间接地鞭策学生坚持阅读、勤于积累。

（二）"新授25分钟"学生阅读理解、语言运用能力交融共进

随着学生语言建构与运用素养的提升、教科书课文单元比重增加和课文篇幅增长，"新授25分钟"更强调在阅读中利用语境的作用识记字词、学会运用，同时加深对课文内容的理解，促使语言建构与运用能力、阅读能力滚动发展。在时间分配模式中，课堂教学评价设计以多样的评价方式、重视差异性的评价标准，让学生自己发现不足、查缺补漏的同时，能察觉自身进步，以成就感自我激励，取得更大成功。

语言建构方面，从"识字评价量表"可以看出，学生在"新授25分钟"时间段按部就班地认识了约1600个常用汉字和"词语表"中的词语，时间段开始前勾选的会认字（词）与日俱增，基本掌握了识字技能。"尚美10分钟"里，学生在日复一日的长期坚持中掌握了写字技能，在自评与互评中表现出对书写之"美"的崇尚与追求。

语言运用方面，"新授25分钟"时间段，学生在教师引导下，能够做到运用汉字词汇知识和句法章法知识来组词、造句、说话和写话。"精彩5分

钟"时间段，部分学生甚至主动运用以往新授课学会的语言知识进行表达，演讲内容十分饱满。从评语中还可以看到学生演讲时间的增长、熟练程度的提高等。时间分配模式推动学生在学中用、在用中学，语言建构与运用紧密连接，真正做到了"为有源头活水来"。

时间分配模式对学生语言建构与运用具有一定的积极意义。教师可以在时间框架之下，将"建构"与"运用"无限融贯，从而有效组织课堂教学，并持之以恒地运用、探索、尝试，不断完善这一模式。合抱之木，生于毫末；九层之台，起于累土。持续性培养会提升学生语言建构与运用素养，同时也将为学生在思维、审美、文化等方面语文核心素养的发展积基树本。

二、课例分析

课例1：一年级上册《对韵歌》

以一年级上册识字5《对韵歌》第2课时为例，探究时间分配模式在入学初期课堂教学中的应用及各时段主要特点。

第一，"精彩5分钟"为教师指导识字与用字的基本环节。

入学初期，"精彩5分钟"演讲的内容为汉字小知识，可以讲解字理、生活中的汉字等，以字词运用为主，同时巩固识字。此时，学生语言表达能力有限，教师在重要的教学环节的参与有助于达到预计效果，增强学生的自信心。授课时，学生在教师引导下讲解《对韵歌》第1课时"虫"字的文化意蕴。

第二，"新授25分钟"中学生打牢汉字识、用基础。

入学初期，"新授25分钟"教学内容的安排突出"字"的识记和运用。

本课时未出现新的会认字，因此"新授 25 分钟"通过有趣的拼图游戏以及反复朗读练习等方式使生字在语境中不断复现，帮助学生巩固识字。"语言积累，理解运用"环节，学生自编对韵歌是对语言的运用，而教师提问学生的过程，无论是回顾单字对，还是拆分双字对，都是"字"的复现，有助于强化识记会认字。

第三，"尚美 10 分钟"帮助学生养成良好写字习惯。

入学初期需加强写字指导，重点强调字的基本笔画和笔顺规则，教师一边指导，一边示范。提示正确的写字姿势，使学生牢记"三个一"，以每节课十分钟的写字训练过程，促成学生养成良好的写字习惯。

课例 2：一年级下册《古对今》

随着学生语言建构与运用能力的提升，各时段教学的特点均有变化，以一年级下册识字 6《古对今》第 2 课时为例进行探究。

第一，"精彩 5 分钟"里学生初步具备独立语言表达能力。

第二学期，"精彩 5 分钟"鼓励学生自主表达，学生自选演讲内容，较完整地讲述小故事或简要讲述自己感兴趣的见闻，教师提出小任务：在演讲中运用上节课学习的新词。在本课例中要求学生至少运用"朝霞、夕阳、严寒、酷暑"中的 1 个词语完成演讲。

第二，"新授 25 分钟"里学生实现语言运用能力的再提升。

一年级下册《古对今》与上册《对韵歌》同为对韵歌形式，但是《古对今》课堂教学中的语言运用训练难度和频率都有所增加。学生不仅识字、用字组词和造句，还要加大识词、运用词语造句和描绘画面的练习比重。"建构"与"运用"如影随形，本课例在教学中学生理解词语"莺歌燕舞、鸟语花香"后，运用新词看图说话；学习对韵歌的特点并了解"正对、反对"的知识后，尝试创编对韵歌等。

第三，"尚美10分钟"教会学生掌握观察汉字方法。

随着写字中合体字占比的增加，教师应使学生掌握"一看结构、二看比例、三看重点笔画"的观察方法，并且鼓励学生自主观察，教师在必要时予以指导。本课例要求掌握"李、语、香"等三个字的写法，教师带领学生自主观察，练习书写。

课例3：二年级上册《狐狸分奶酪》

以二年级上册课文22《狐狸分奶酪》第1课时为例，探究时间分配模式在二年级语文课堂教学中的运用及各时段教学的主要特点。

"精彩5分钟"学生拓宽语言运用的选词范围。

二年级的"精彩5分钟"在学生自由表达的基础上提出新的要求，即学生不仅要运用1个以上一课积累的新词，还要运用至少1个在课外阅读中积累的好词，在5分钟时间内让"精彩"冲破课堂"边界"，也间接地鞭策学生坚持阅读、勤于积累。

"新授25分钟"中学生阅读理解、语言运用能力交融共进。

随着学生语言建构与运用素养的提升、教科书课文单元比重增加和课文篇幅增长，"新授25分钟"更加强调在阅读中利用语境的作用识记字词、学会运用，同时加深对课文内容的理解，促进语言建构与运用能力、阅读能力滚动发展。本课例中教师出示狐狸图，引出"狐狸"，请学生说一说与狐狸有关的成语；出示奶酪图，引出"奶酪"，最后出示完整课题。

"尚美10分钟"思维、审美素养共促写字技能发展。

在这10分钟内，教师抓住重点，引导学生发现、掌握书写规律。本课例是在归类后，选择了"奶、始、吵、咬"4个左右结构的字。教学时，联系本册语文园地一和语文园地五中的书写提示，帮助学生复习巩固左右结构汉字的书写要点；联系写过的女字旁的字，如"好、娃、她"，在比较迁移中学写新字，发展学生的思维能力。随堂展示优秀的书写练习，树立书写榜样，使学生知美、尚美，提升学生的审美鉴赏能力。思维、审美等语文核心素养和语言建构与运用素养相互融合、相得益彰，可以共同促进语言建构与运用素养的发展。

小学低年级不同时期的识字课堂教学，在运用时间分配模式时，由于学生认知水平不同，"精彩5分钟""新授25分钟""尚美10分钟"各时间段的主要特点略有不同。在课堂教学中，要根据学生学情具体分析，合理应对。

一种教学模式的提出，希望对大家有一定的借鉴意义，但由于教学对象，教学内容的复杂多变，教学模式又不能机械套搬。最终我们还是要回到教育观：促进学生的发展，促进学生学习能力的提高，促进学生学习方法的完善，以此作为我们构建有效课堂的行动准则。

第四节
建立客观公正教学评价体系

构建教学评价体系目的在于对学生学业完成情况、教师授课情况、课程目标达标程度做出判定，同时对改进教学现状，提高教学质量提供重要参考，因此课程评价体系应坚持公正性、客观性的原则，用发展的标准去完善评价要素和内涵。

课堂是教育教学的主阵地，是实施新课程改革的主渠道，只有认真研究课堂教与学，积极调动课堂中教师与学生的互动性，引导学生积极参与，提高课堂效率、效率、效果，才能做好新一轮新课改的实施与推进，进而达到国家要求的新一轮课改的意义。因此，作为教师应当研究和落实课堂教学评价的机制、要素、方法，制定科学合理的评价方案，才能调动广大教师推进和实施新课程改革的信心和积极性。

一、传统的评价方法

传统的评价就是目标取向间的评价，是重结果轻过程的评价。就是把评价视为课程计划或者教学结果与预定目标相对照的过程，其方法是关注课堂上教师知识讲解的重点是否突出，难点如何突破，知识与技能是否掌握与形成。教学任务是否完成。如概念教学"一个定义三项注意"，不讲概念产生

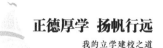

的背景，也不经历概念的概括过程，仅从"逻辑意义列举"概念要素和注意事项，包括"概念所反映的思想方法"，导致学生难以达成对概念的实质性理解，无法形成相对的"心理意义"。在这种评价机制下，很少甚至没有关注教师如何去引导学生参与知识发生、发展的过程，以及在知识与技能获得的过程中形成的解决问题的策略与方法，积极的情感体验，探索的精神与动手实践能力等有利于学生发展的基本要素。

二、新课改下应建立的评价理论依据

新课改的评价应放在促进教师的发展与学生的发展上，《课程标准》也指出"学科数学的评价应有利于营造良好的育人环境，有利于学科教与学活动过程的调控，有利于学生和教师的共同成长""评价也是教师的反思和改进教学的有利手段""评价的目的是为了全面了解学生的学习历程，激励学生的学习和改进教师的教学"，通过科学评价机制促进教师的专业发展，一是使教师首先达到专业化的知识，包括关于学生的知识，关于课程的知识，关于教学实践的知识。二是能对学生及其学习的承诺与责任，包括培养学生健全的人格，特别是在当前社会矛盾突显和留守儿童增多的情况下，怎样对学生进行心理辅导，使他们能正确认识社会，树立正确的人生观，价值观，帮助学生成为终身学习者。三是教学实践技能，包括制定适合学生的教学计划的能力，对学生进行评价的能力，反省自身教学的能力。四是班级领导和组织的技能，包括承担领导和组织的责任，建立不断的专业学习，包括广泛的学习，实践的学习。

因此，新课程改革理念下的教学评价，是指在课堂教学的过程中，为促进学生的学习和改善教师的教学，促进教师的专业发展，对教师的教学过程与结果和学生的学习过程与结果进行的评价。

三、课堂教学的评价特征

第一，课堂评价应当是自由、民主、平等、相互协商的评价。

第二，课堂教学的评价应当是关注非预期效应和效果的评价。除了既定目标达成外，应十分关注非预期目标的效应和效果。而不同教师对非预期目标出现的处理正是教育教学的艺术性所在，是教师潜意识、潜在特质的一种表现，是教师和学生的闪光点。

第三，多元化的评价根据评价对象的特点，由评价双方商定评价方案，从评价对象的未来发展出发，可以是多方面的、多角度的、不拘泥于对评价对象的知识、能力的评价，还会涉及其情感、性格、审美情趣、创造天赋等。

第四，过程周期性的评价是新课程观念下的课堂教学评价，最终目的是为了促进评价对象的发展，所以评价过程实际上是对评价对象的培养过程，这是一个持续的过程。

四、课堂教学的评价要素

（一）教学目标

包括知识与技能、思维活动、过程与方法及情感、态度与价值观。教学目标必须处理好课程标准、教材和学生实际水平三者之间的关系，切忌大而空，大而全、面面俱到。

（二）教学内容

教学内容是目标实现的载体，是师生教学活动作用中的对象和实体。教学组织者应对教学内容进行认真的分析，挖掘其内涵，切忌出现脱离课本进行教学的情况。要纠正一些错误的认识：如认为教材内容"简单"；误解本

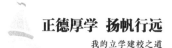

次课改提出的"不是教教材，而是用教材教"，要"创造性的使用教材"的真正意图；不善于或不愿意化大力气研究教材等。

（三）教学方法

教学方法的选择要依据不同阶段的学习要求和教学目标的需要，灵活地选择不同的教学方法和教学手段。

（四）教学心理环境

学习是发生于指定的文化环境之中的知识的建构过程，知识是惰性还是灵活，取决于学习者的学习环境和形式。要创设好课堂教学的内在环境和外在环境，及早打造良好的心理环境，激发学生浓厚的学习兴趣，求知欲望和强烈的探索欲望。

（五）教师行为

教师应当为人师表，端庄得体，确定合理的目标，选择恰当的方法，科学地组织教学材料，恰当地安排教学活动，机智地处理课堂上的突发事件，来保证教学质量的高效。

（六）学生行为

对学生来说既是一种认知活动，又是一种情感活动，还是一种人际交流活动。

（七）教学效果

主要指教学目标的达成度，看学生的学习行为及其成就如何。

五、新课程理念下的评价方法

（一）教师自我评价

一种反思性的评价，指教师根据评价指标，对自己的教学设计、教学活动的实施过程、教学目标达成等情况，根据自己在教学过程中的体验与感悟等进行自我反思，总结做出价值判断的过程。

（二）他人评价

通过他人的评价，通常能客观公正地了解自己的教学过程，其方法有课堂观察、课后访谈、调查试卷、同行评价、书面测试等，同时也要防止只说优点，相互吹捧，不愿指出缺点的现象。

（三）学生评教

学生对课堂教学的评价都是根据自己切身体会提出的，他们的观察比一般评价人员更细致周全、真实可信，而且学生参与评教有利于实现师生良好的沟通，提高教学水平。

通过课堂教学的有效评价，促进教师的专业发展，促进学生知识、能力的形成、情感、价值观的体现，促进全体教师能把每节课都上成扎实的课（有意义的课）、充实的课（有效率，有内容的课）、丰富的课（生成性的课，不完全预设的课，内容丰富，师生互动，思维活跃，给人启发）、平实的课（实实在在，常态下的课）、真实的课（不加掩饰，有待完善，值得反思，有缺陷的课）。

教学评价体系是教育体制改革的方向盘，左右着教学思路走向和教学质量标准以及社会人才观取向，教学评价体系的建立是推行素质教育的首要、关键和必要前提，只有制定一套符合素质教育要求的教学评价体系，素质教育才能在全社会中名副其实地开展与实施。

第五节
校本教研与校本小课题的研究

　　课堂，不仅是素质教育的"主阵地"，而且是校本研究的"主战场"。当前正是新课程推广实施阶段，这就要求校本研究要以新课程实施为导向，以新课程实施过程中所面临的各种具体问题为对象，努力为课堂教学改革服务。教师在研究状态下进行课堂教学，善于把教室当成实验室，通过研究性教学，使课堂教学改革与时俱进，行之有效。

　　新课程实施以来，为了把新课程理念转化为教师的教学实践，校本教研随之而出。校本教研提倡教师的自我反思（自我反思可分为学习反思和教学反思）、教师间的同伴互助（课标、教材的研讨，备课、听课的互相探讨，学习心得交流、课堂教学交流以及共性问题的交流研讨等）、教研部门的专业引领（专业引领有专题讲座、课堂诊断、小课题的理论指导及帮助等）。校本教研的形式有集体备课、说课、评课、共同问题研讨、课例研究、小课题研究等。

一、校本教研小课题研究的价值

　　教学是学校工作的中心，教师的主要任务就是教学。备课、上课、作业批改是教师的日常性工作。如果教师只是一味地教书，在教学过程中不反思、不研究、不改进，教学工作就不能很好的开展，久而久之，就会产生职业倦怠，工作上出现不思上进、备课抄备课手册、上课照搬教案、不精心设计练习等现象。

校本教研小课题研究，将教师的教学和研究联系在一起，让教师在教学中研究，在研究中教学，教师对待教学的态度就会发生质的变化，容易激发教师教学的活力，看待学生也更加宽容，把学生作为自己的研究对象，课堂气氛更加和谐。

（一）小课题研究体现教师创造性劳动的价值

教师的教学，需要认真解读教材、重组教材，使课堂教学活动更加贴近学生。因此，教师的劳动是创造性劳动。由于研究课题，教师学习课标、熟读教材、备写教案、课堂教学、作业批改都是带着问题进行的。教师的一切活动，上课前的学习与备写，课堂中的教与学以及课后作业，不仅是为了完成任务，更重要的是为了提高效率和质量。如果只是为完成教学任务，而不考虑学生的接受能力。

如果在研究中教学，就要达到研究的真实性和学生表现的自然状态，教师就会克制自己，学会宽容待人，承认学生个体差异，而不仅仅是为了完成教学任务。教师心态变化的结果是课堂上学生能有话敢说，有话想说，形成融洽的师生关系，课堂教学活泼有序，学生的学习积极性主动性高。

（二）小课题研究丰富了教师生活，让教师生活更加有意义

根据研究需要，教师必须不断学习，更新自己的观念，接受新的理念，还要阅读与本学科相关的资料，以拓宽自己的知识视野。同时还要观察课堂，

研究学生的变化。参与教研活动，能让教师更加主动，和同伴交流有话可说，愿意听取同伴意见，从同伴意见中吸取有益于自己研究的内容，以求取得更大实效。

这样一来，教师在校生活有滋有味，天天都有新的变化。特别是以研究的视角开展教学活动，课堂教学常教常新，这些都有利于激活教师的潜在动力，唤起教师积极向上的自觉意识，使学校生活更有意义。

（三）小课题研究利于提升教师的专业水平，促进教师专业发展

校本教研中的小课题研究是一个螺旋式研究的过程，它是一个持续性的研究。一学期研究一个课题，在课题结题中把研究出现的新问题作为下一学期研究的课题，使研究工作不断向深层次迈进。随着研究课题由普遍问题到个别问题，由群体向个体转化的过程中，课题研究由表及里，由浅入深，不断深化，教师的教学能力和教育艺术，得到了提高，专业能力和专业素养也得到了发展。教师就从"教书匠"进入到"研究型"教师行列。

二、小课题的确定

新课程理念能否转化为教师的教学实践，关键是课堂教学行为的改进。要改进课堂教学，教师就要研究课堂教学。根据自己所任学科的班级实际，选准改进课堂教学的突破口，并以此为课题，进行深入研究，达到解决问题的目的。

研究课堂教学，教师比其他教育工作者有得天独厚的条件和优势。一是课堂教学是教师工作的中心，天天都要上课。二是每天都和学生接触，对学生最了解。三是每天都批改作业，对学生的学习情况掌握的最清楚。四是研

究的对象是自己的教学和自己的班级，研究工作随时随地可以发生。

小课题研究的是教师教学中的真问题，是真正影响教学效果的一个个教学困难或障碍。

研究和解决这些问题，不但可以改进我们的教学，而且可以改善我们的生活。上课不再是"重复昨天的故事"，而是常上常新。一堂课下来，这里有启发，那里有感悟，分析原因，总结得失，使我们的生活更真实，又有价值。我们的教学活力、教学激情得以迸发，生活充实，幸福感也会油然而生。

要确定小课题，教师必须有问题意识。问题必须来自自己的教学中，把教学中的困惑和疑难问题转化为课题，使课题研究真正解决教学问题，为教学服务，有实用价值。所谓小，就是题目要小，题域要窄，能够在一学期之内完成。只有做到题目小、题域窄，才容易把问题搞透彻。

课题确立后，向学校课题组进行申报。学校课题组一般应由学校有关领导和学科带头人组成。小课题申报不应该像大课题一样，面面俱到。我们认为，小课题研究的是教学中的具体问题或具体现象，程序可以删减，便于教师解决实际问题。课题申报应包括：课题名称、研究者、提出课题的原因和研究内容、研究的方法措施及最终成果、研究时限、课题组意见，用一页纸呈现即可。

课题组通过听课形式、观察形式或谈话形式认为可行后，给出意见，告知研究者，管理其研究。学校课题组也可以组织全体教师交流课题，给研究者以信心和力量，使其信心百倍地开展研究。

三、小课题研究的具体步骤

第一阶段：确定课题，论证分析，开始研究。这个阶段教师在论证分析的基础上把小问题转化为课题，根据课题学习相关理论和实践应准备的材料，一般可以采用行动研究法。表现形式有教学反思、典型案例、教育日记或教育叙事等形式。

第二阶段：一般在学期中，教师对自己的研究进行归类、整理、分析、归纳，写出阶段研究报告，以便于及时发现问题，调整研究的方法和途径。为了保证研究进展的分析、归纳能够更真实，更能说明课题，最好采用一些数据说明问题，同时邀请学校课题组对自己的研究进行听课评析或观察、了解，使研究工作既能体现研究者的意志，又能广泛听取同行的指导和帮助，使研究工作不断深化，然后写出阶段小结报给课题组。课题组对研究成效变化大的课题可以在教师会上进行阶段交流，以保证课题研究的持续性和深入性。

第三阶段：学期中途至本学期末。在前面研究工作阶段总结基础上继续深化研究，巩固现有成果，保证预期目标的实现，为结题创造条件。过程性资料的积累方法如上。结题一般采用论文形式，总结自己的研究成果。对研究中发现的新问题，提出自己的看法，并分析论证，提出下一学期的研究命题，使教育教学在研究中不断改进提高，使自己的生活富有意义、生命更有价值。

学校自校本研究起步以来，一直坚持以科学的态度和方法、端正的工作态度及过硬的专业能力，打造一种新的教育工作方式，所有研究课题均针对本校师生教育教学中的实际问题进行，致力于让教师在和学生一起成长的过程中完善自我、成就事业。

第七章

压舱之石

——培养学生核心素养

学生核心素养是以科学性、时代性和民族性为基本原则，以培养全面发展的人为核心。根据这一总体框架，可以针对学生的年龄特点，进一步提出各学段的学生的具体表现要求。学生核心素养的培养旨在回归教育常识，回归教育本真，为学生健康成长、更好的生活服务。培养学生的核心素养，我们应具体研究学生，探究他们的政治角色、社会责任、人性品格、素养能力，最大限度地挖掘学生成长的潜质和可能性，注重理想信念和综合素养的培养，关注学生的生命质量和价值，突出终身发展的理念。

第一节
凸显外语特色品牌

北辰小外是一所年轻的学校，但是我们有信心以多样化办学为契机，以外语特色为突破口，学习各家之长，坚持走多样化办学之路。近年来，学校积极探索多样化外语特色发展模式，在课程建设、特色活动、创新发展等方面做了大量工作，逐渐呈现出"外语特色鲜明、课程丰富、资源开放、评价多元"的鲜明特点，形成在天津市范围内学校外语特色发展新格局。

潜能研究专家认为，人的潜能，泛指人的潜在能力，是尚未开发利用的能力，没有实际化、外显化的能力。每个人都有自己的潜能，中小学阶段的语言潜能也是如此。这种与生俱来的学习潜能如果能在一定范围内受到外界的刺激，是可以充分发挥出来的，一旦潜能被挖掘并使用，学生将会在学习上取得较突出的成果，同时获得巨大的成就感。

学生语言学习特色和效果是学校整体教学的重要组成部分，如何调动学生学习语言的积极性，挖掘学生语言潜能，是教学实践的重要意义。

教育发展应以人为本，国内外研究表明，学生各种智力的发展，包括语言方面的潜能也应在一定的文化情境下激活。教师和学校为学生创造的良好条件和机会，能促进学生潜能的发挥。

通过实验，我们发现恰当的教学方法，引导学生高效学习，使语言的潜能得以开发并使用。主要表现为通过多种灵活的教学方法将语言知识多渠道地输入，使学生形成记忆，然后创设情境带动语言的多方输出乃至准确、精彩的使用。

一、教学实践的策略

（一）为学生设置特色校园环境，浓厚语言学习氛围

学生输入语言的途径是多种多样的，可以潜移默化地起到不可估量的作用。我们在学校环境中设置了多个标语牌，其中包括提示语、学校简介、办学理念等。良好的语言学习环境为学生创设了丰富的阅读资源，这种非教学目标性、由非教学接受行为产生的重复性记忆，往往能使学生在不经意间形成知识的积累。

（二）选用内容丰富的阅读材料，为学生语言输入创设环境

语言使用是学习语言的最终目的，而语言使用的基本途径是语言的输入。语言的积累，首先是对一定量的语言材料的认识、记忆与掌握。语言积累的过程也是学生思维发展的过程。学生只有沉浸到一定的语言环境中，才能将书本上的语言转化为自己的语言。

语文学科选用经典、有教育意义的阅读材料，英语学科选用融政治、经济、文化、人际交往、购物等知识内容于一体的综合性材料，以词汇容量大、内容丰富、句式多样的材料培养学生语言使用的能力。对于选文的要求，不仅贴近学生的生活，而且激发学生的阅读兴趣，有利于学习者进行语言模仿。实践目标主要表现为：多输入词汇、多记忆语境、多阅读选文、多角度接触、

多口头交流、多书面写作，实现语言多输入——在理解的基础上记忆、内化并转化为自己的语言，最终多输出语言。

（三）为学生创设良好的课堂教学环境，挖掘学生语言潜能

1.优化课堂教学环境，开发学生语言潜能

课堂是学生学习语言的主要渠道，注重在教学环境中创设良好的学习环境是必要的。语文教师和英语教师在实验过程中注重从创设良好情感环境、良好课堂机制、优化课堂结构等方面入手，结合内容丰富的教材，设计合理的教学任务，多管齐下，挖掘学生的语言潜能，即创设多种利于学生使用语言的环境，使他们在宽松、和谐的氛围中学习语言，掌握语言，使用语言，实验过程中全体同学积极参与教学，体现了全面性的原则。

2.课堂教学中注重语言训练，挖掘学生语言潜能

学生在课堂教学中另一个学习语言、使用语言的渠道即为多种方式的语言训练，其中包括口头表达训练和书面表达训练。语文课堂上设置"精彩5分钟"，英语教师在课堂教学中设置多种角色，让学生沉浸到语言环境中去。语言训练被教师安排在每一个语言知识的学习之后，是对刚学过语言知识的复习和运用，是语言的输出过程，也是学生在输出语言的同时相互学习和促进的过程。

实践过程中，呈现出在每一个阶段不完全相同的特点：教师遵循层次性的原则，在语言训练的时候，设计难度梯度不同的练习题组，针对不同学生进行布置，这样便于学生发挥各自的特长：猜谜、首尾接龙，即兴演讲和评价等口头表达训练为学生提供各种语境，充分调动学生的思维，达到使用语言的目的。

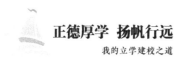
学生在难度适于自己的语言训练中，得到教师的肯定，并有所收获。课堂语言训练不仅调动学生的学习积极性，而且培养了学生对语言的自觉和由趣味引发的使用意识，促进学生语言学习的良性循环。

3.英语学科辅以开设由外籍教师教授的专业课程，增强听说能力

明尼苏达大学的修辞学教授斯狄尔博士曾经指出，人们在清醒的时间里，有80%的时间是进行人际沟通，其中45%的时间用于倾听。受此观点的启示，为了加强学生的听说训练，在实验班进入第二阶段的时候，开设了由外籍教师教授的心理学课程，一方面进行用英语教授心理学课程的实验，一方面增强学生的听力和理解能力。

通过与外籍教师协商，在课程学习中要达到以下教学目的：从听力入手，让学生熟悉语言、积累语言；以讨论、访谈等方式作为学生结束此项课程学习的考核，着重锻炼学生的口头表达和正确使用语言的能力。

经过两个阶段的实践，用英语教授心理学课程达到了预期效果，通过该课程的学习学生们积累了大量的词汇；与外籍教师的直接对话，创设了更多的语言表达机会，并能经常得到外籍教师的亲自指导，用英语表达的方式更灵活了；这些都源于心理学课程学习的收获，对教材内的英语学习起到了必要的补充和辅助作用。我们认为这也是语言输入和语言输出使用的良好渠道之一。

（四）为学生的语言输出创设良好的课外交流和实践环境

1.通过创设创造性语言作业，挖掘学生的语言潜能

每个人在学习中都有自己的潜能。这种与生俱来的学习潜能，尤其是语言潜能，如果能在一定范围内或受到外界的刺激，是可以充分发挥出来的。

要开发学生的语言潜能，就要给学生提供多种条件，创造多维空间，鼓励他们去大胆实践。

专项语言作业是其中一个途径。在英语教学方面，英语手抄报是具有创意并且吸引人的形式，能充分激发学生参与的热情。全班利用网络等信息源，合作完成作业。

特色作业是一种延伸，甚至可以是一座连接知识与能力的桥梁。这就是创造性作业的独特之处。顾名思义，它注重创造性，即以创造性的作业激发学生语言运用的创造性：语文学科尝试写作沙龙，基于自媒体的创作；英语学科布置手抄报等。

在特色作业活动中，每个学生都积极参与，认真准备，通力合作，既巩固了所学知识，又学会灵活运用已学知识，并结合自身特点，解决实际问题。这样，学生将已学知识作为支点，利用创造性作业这一杠杆，撬起了更多知识，即丰富的语言，从而激发他们探索和创新的欲望，深挖语言潜能。

2.专题活动对学生语言潜能开发具有特殊意义

根据学校办学的鲜明特色，语文学科坚持举办每年一度的演讲比赛和戏剧节，英语学科坚持举办英语角和口语大赛。借助这两个学科得天独厚的活动，实验班的学生在教师的指导下，充分将其利用，作为课题实验的阵地。

戏剧节和英语角充分借助教材的学习内容，将课本知识有意识地延伸和深化。该活动以教学班级为单位，由学生自己搜集、编写各种题材、类型的短剧和节目进行交流。其中包括由学生自己编写剧本的剧目和各种文艺节目的演出、专题讲演、辩论会等，形式多达十几种。

这些活动包括书面的语言运用（各种脚本、材料的编写）和语言的口头

运用（书面材料的口头表达、各种口头的即兴活动，如辩论、回答提问等）
两个方面，是对语言学习的巩固和加强，也是语言学习的最终目的。英语口
语大赛则是侧重学生的口头语言表达的训练和选拔，在每个学生参与的前提
下，经过班级、年级的层层筛选，最后由学校统一组织决赛，评出各类奖项。
活动的设置是学生在特定条件下使用语言必要的实践环境保障，学生们不仅
在英语实践活动中锻炼了自己的语言使用能力，而且与其他同学形成了交流，
又是相互学习提高的过程。专项的活动为开发学生的语言潜能提供了良好的
机会和条件。

通过课外活动，学生提高了对语言学习的兴趣，锻炼了在实践中解决问
题和合作的能力。

二、语言教学启示

（一）采用多种评价体系，促进学生语言学习

通过实验，我们发现多种评价体系的结合是提高学生学习语言的兴趣，
保持长久学习耐力的关键因素，只有产生兴趣，才能深入学习；只有深入学
习，才能获取更多的语言知识；只有获取较多的语言知识，才能为语言输出
做好保障。所以，在整个实验过程中，我们不仅仅关注学生的书面测试评价
的成绩，还将学生语言表达评价、运用实践过程中教师评价、实践过程中学
生互相评价、学生自己评价相结合。多维的评价体系能较为科学地、客观地、
多方面地看待学生，而不是一言否定。学生在任何一个方面都有可能被肯定，
从而树立、增强学习的信心。

（二）语言潜能研究提供宝贵的教学实践经验

在整个实验过程中，共设计学生调查、测试表 20 余份，总计收集调查表 700 余张，统计各类数字不少于千余个。学生和教师都有了较大的收获，积累的教学实践经验，可以为今后长期的语文学科和英语学科教学起到积极的推动作用。

（三）学生语言潜能的开发研究是漫长且艰辛的过程

实践中发现，学生的语言潜能很难量化，也难以有某个标准量作为参照数。因为每一个学生的语言学习潜能是由多种因素决定的，有些甚至可以是不确定因素。我们的研究也只能从某一个方面入手，做一些尝试和积累，探究由语言输入到语言输出的有效过程，以及在此过程中，使用何种方法能更加有效地调动学生参与到语言实践活动中来，更加准确、精当地使用语言。

始终坚持"外语特色"的品牌战略，倾力推进一系列卓有成效的课程改革，在学校管理模式、学校文化建设、学校德育活动、课程设置等方面开展了探索与实践，更加关注学生差异，更好满足学生需求，有效培养学生未来的关键技能和必备品质，大胆探索，不断创新，力求办成一所学生向往、家长放心、社会满意的学校。

第二节
用艺术陶养学生

艺术教育是中小学实施人文素质教育的主要形式和最有效途径。学校用艺术陶养学生，让学生学会欣赏美、创造美，从而推动本校艺术素质教育跨上新的台阶。

教育家蔡元培推行美育是说："人人都有感情，而并非都有伟大而高尚的行为，这是由于感情推动力的薄弱。要转弱而为强，转薄而为厚，有待于陶养。陶养的工具，为美的对象，陶养的作用，叫作美育。美的对象，何以能陶养感情？因为他有两种特性：一是普遍；二是超脱。"究其根本，艺术对于学生的终身发展十分重要。

一、艺术陶养学生

艺术是一种很重要、很普遍的文化形式，有着非常复杂而丰富的内容，与人的实际生活密切相关。艺术作为一种精神产品，在整个社会产品中占有越来越大的比重。艺术具有重要的精神价值，其客观作用在于调节、改善、丰富和发展人的精神生活，提高人的精神素质。艺术欣赏是我们对其价值的发现和寻找，是创作者与欣赏者之间的情感交流与共鸣。

艺术活动滋养心灵。曾任北大校长的蔡元培认为："美育，望文生义，便是美的教育。即通过培养人对美的认知、感受、欣赏以致创造的能力，从而使我们具有高尚的情操、美好的品格或是优秀的素养。"广义的美育则又称"实质美育"，它强调将对美的欣赏、创造渗入到学习与生活的各个方面中来，从而全面地提升个体的思想素养与道德情操。我以为蔡元培先生所论述之美育，当指后者。可见良好的艺术教育对于陶养学生情感，提升学生欣赏美、创造美的能力有重要作用，这也正是素质教育的核心所在。好的艺术可以丰富我们的精神内涵，使我们不会因挫折而停止精神前行的脚步，也不会因顺利而沉湎于声色犬马。高雅的艺术品位可以构筑高尚的人格基石，培养高雅的生活情趣，有助于丰富情感、净化心灵、塑造人格。因此每个人都应把好自己的"情趣关"，热爱艺术，脱离低级趣味。

艺术能开发人的智力，艺术能增强人的涵养，艺术能净化人的心灵，艺术能美化人的生活，更重要的是艺术能挖掘人的潜力，找到人的"闪光点"，它能帮助同学们找到自我，并促使同学们挑战自己，超越自己，走向成功。

二、案例成果

（一）音乐课程方面

一年级学生的思维以具体形象思维为主，行为表现为活泼好动、好模仿，对音乐的理解能力很有限，还没有形成良好的学习习惯，对音乐教学中抽象的音乐知识难以产生基本的理解。体态律动能够将比较抽象化的音乐知识具体化、生动化，把音乐和人体动作有机结合在一起，让学生通过身体的规律运动自然地体会音乐中的节拍与韵律，进而提升学生对音乐学习的兴趣与参与度。

（二）美术课程方面

造型与表现是美术学习的基础活动方式，强调自由表现和大胆创造。结合学校读书节活动，学生进行了 *Three little pigs*《神奇的变色龙》绘本制作，以班级为单位，按小组分工进行设计、制作、演讲绘本书。班级中的每一位同学都积极踊跃地贡献自己的力量，并在读书节展示周上自信地展示班级绘本作品。学生通过制作绘本不仅有效的锻炼了美术技巧，也在其中进行了绘本文化的学习，且更加认识到如何在实践中与同学团结协作。

此外，学生在读书节活动中通过创意构思、绘制、裁剪制作出了丰富多样的书签作品并和同学互相交换。学生利用身边的各种工具、材料进行制作，并积极参与书签互换活动，不仅体验到了亲手制作的乐趣，也提升了对美术学习的持久兴趣。同时，同学之间交换书签的过程也让学生感受到了亲密无间的友情。

（三）体育课程方面

学校结合教师特长为学生开设了五步拳校本课活动，通过十余堂校本课程，学生了解了武术的精神，知道了武术的起源，学会了五步拳的基本手法、步法。在学期末外语节的活动中，首次亮相展示，并获得一致好评。通过五步拳校本课程，学生在身体素质方面提升了灵敏度、柔韧性与耐力；在意志品质方面培养了吃苦耐劳的精神和知礼懂礼的修养；在社会适应方面学习了建立和谐人际关系及良好合作精神的重要性。

入冬以后我校的体育活动围绕冬季长跑展开，并在此基础上加入了跳绳、踢毽子、投掷和老鹰捉小鸡这四类民间体育项目。通过冬季长跑，学生在体质健康、身体素质方面获得了良好的发展，感受到了运动的乐趣，也形成了坚持锻炼的习惯。学生在跳绳、老鹰抓小鸡等集体游戏中，表现出了良好的人际交往能力，也感受到了同学间的合作精神。

我校一直相信，不断提升审美趣味，收获审美感动的学生，学习品质和责任能力也会不断提升。希望北辰小外在艺术教育培养方面的探索和经验可以成为"星星之火"，在学生心中种下一颗美的种子，为我国中小学美育教育补上艺术思维培养的"短板"。

第三节
劳动涤荡心灵

诗人海子在《重建家园》中写道："双手劳动，慰藉心灵。"劳动带给人的意义，不只是满足于生之所需，还有内心的安稳。在《诗经》的《击壤歌》中，我们的祖先就曾如此吟唱："日出而作，日入而息，凿井而饮，耕田而食，帝力于我何有哉！"辛勤劳作、自食其力之人，有敢于藐视"帝力"的自信。为了引起中小学对于劳动的重视，中共中央、国务院印发《关于全面加强新时代大中小学劳动教育的意见》，就全面贯彻党的教育方针、加强大中小学劳动教育进行了系统设计和全面部署，提出在各学段设立劳动教育必修课程。加强劳动教育是全面贯彻党的教育方针的基本要求，是落实立德树人根本任务、发展素质教育的重要内容，是培育和践行社会主义核心价值观的有效途径。北辰小外紧密结合经济社会发展和学生生活实际，积极探索具有我校特色的劳动教育模式，引导学生养成辛勤劳动、诚实劳动、创造性劳动的良好品格。

究竟该如何正确认识新时代劳动教育的内涵？如何从劳动教育入手补足素质教育短板？北辰小外在劳动教育方面又进行着怎样的探索和创新？以下是我们的做法：

一、劳动是校园应有之义

《关于全面加强新时代大中小学劳动教育的意见》《大中小学劳动教育指导纲要（试行）》贯彻了习近平总书记关于教育的重要论述的精神，是对党的十八大以来习近平总书记关于教育的重要论述的具体落实。人的全面发展是马克思主义的最高命题和根本价值，是实现共产主义的重要标志，是共产主义的根本目的。人的全面发展的本质和核心就是，个人的智力和体力尽可能广泛、充分、统一和自由发展，并在此基础上，实现脑力劳动和体力劳动相结合。

对于新时代人的全面发展，习近平总书记明确指出，以凝聚人心、完善人格、开发人力、培育人才、造福人民为工作目标，培养德智体美劳全面发展的社会主义建设者和接班人。《意见》明确指出，劳动教育是中国特色社会主义教育制度的重要内容，直接决定社会主义建设者和接班人的劳动精神面貌、劳动价值取向和劳动技能水平。《意见》面向全体学生明确了劳动教育总体目标，突出劳动教育的思想性，强调"理解和形成马克思主义劳动观，牢固树立劳动最光荣、劳动最崇高、劳动最伟大、劳动最美丽的观念；体会劳动创造美好生活，体认劳动不分贵贱，热爱劳动，尊重普通劳动者，培养勤俭、奋斗、创新、奉献的劳动精神；具备满足生存发展需要的基本劳动能力，形成良好劳动习惯"，指出劳动教育在培养全面发展的人的过程中所发挥的重要作用，强调加强新时代劳动教育的重要性。《纲要》则提出，"劳动是创造物质财富和精神财富的过程，是人类特有的基本社会实践活动。劳动教育是发挥劳动的育人功能，对学生进行热爱劳动、热爱劳动人民的教育活

动""劳动教育是新时代党对教育的新要求",强调劳动在人类社会发展中的重要作用、劳动的育人功能。开展劳动教育体现了新时代党的教育方针,凸显了以人民为中心。

人生活在具体的、现实的社会中,人的全面发展要受到方方面面社会条件的制约,教育就是其中一个重要条件。马克思曾说:"人的本质并不是单个人所固有的抽象物。在其现实性上,它是一切社会关系的总和。"

教育对人的全面发展起着重要的作用,马克思说:"要改变一般人的本性,使它获得一定劳动部门的技能和技巧,成为发达的和专门的劳动力,就要有一定的教育或训练。"社会主义通过教育来培养实现共产主义的全面发展的人。对于全面发展的人的培养,社会主义一刻也没有放松。习近平总书记指出,教育是民族振兴、社会进步的重要基石,是功在当代、利在千秋的德政工程,对提高人民综合素质、促进人的全面发展、增强中华民族创新创造活力、实现中华民族伟大复兴具有决定性意义。要在坚定理想信念、厚植爱国主义情怀、加强品德修养、增长知识见识、培养奋斗精神、增强综合素质上下功夫,要努力构建德智体美劳全面培养的教育体系,形成更高水平的人才培养体系。

依据构建"全面培养的教育体系"的要求,《意见》强调,新时代加强劳动教育必须以习近平新时代中国特色社会主义思想为指导,落实立德树人根本任务,"把劳动教育纳入人才培养全过程,贯通大中小学各学段,贯穿家庭、学校、社会各方面,与德育、智育、体育、美育相融合"。这样,从"积极探索具有中国特色的劳动教育模式"出发,构建具有中国特色的"全面培养的教育体系",为中国特色社会主义人的全面发展提供了更加充分的条件。

在教育中，如何才能实现人的全面发展呢？马克思主义告诉我们，教育与生产劳动相结合是造就全面发展的人的唯一方法。

马克思和恩格斯在《共产党宣言》中指出："对所有儿童实行公共的和免费的教育。取消现在这种形式的儿童的工厂劳动。把教育同物质生产结合起来。"并将其规定为共产党人的行动纲领。马克思在《资本论》中强调："未来教育对所有已满一定年龄的儿童来说，就是生产劳动同智育和体育相结合，它不仅是提高社会生产的一种方法，而且是造就全面发展的人的唯一方法。"

习近平总书记一贯重视劳动和劳动教育，强调劳动是推动人类社会进步的根本力量。要在学生中弘扬劳动精神，教育引导学生崇尚劳动、尊重劳动，长大后能够辛勤劳动、诚实劳动、创造性劳动。让劳动光荣、创造伟大成为铿锵的时代强音。

在构建德智体美劳全面培养的教育体系中，将教育与劳动相结合开展新时代劳动教育，具有独特的育人价值。《意见》中明确指出："劳动教育是国民教育体系的重要内容，是学生成长的必要途径，具有树德、增智、强体、育美的综合育人价值。"在日常生活劳动教育方面，让学生注重抓住衣食住行等日常生活中的劳动实践机会，主动分担家务，掌握洗衣、做饭等必要的家务劳动技能，养成爱劳动的好习惯。在服务性劳动教育方面，强调让学生参加校内外公益劳动、志愿服务，培育公共服务意识，使学生具有面对重大疫情、灾害等危机主动作为的奉献精神，参与社区治理。在生产劳动教育方面，强调让学生参加力所能及的生产劳动，丰富职业体验，提高职业技能水平，培育学生精益求精的工匠精神和爱岗敬业的劳动态度，提升就业创业能力。这样对劳动教育的进一步细化，将教育与劳动相结合，充分发挥了劳动

教育在人的全面发展中的独特育人价值。

实践的观点是马克思主义认识论首要的和基本的观点。实践构成了人所特有的生存方式，是人与自然、人与社会、人与自身关系的基础。马克思指出："全部社会生活在本质上是实践的。"通过实践，人不仅可以认识世界，还可以改造世界，在实践中，自然、社会和人都在发生变化。

习近平总书记说："我是崇尚行动的。实践高于认识的地方正在于它是行动。"《意见》强调要通过实践开展劳动教育，明确指出，实施劳动教育重点是在系统的文化知识学习之外，让学生动手实践、出力流汗，接受锻炼、磨炼意志，培养学生正确劳动价值观和良好劳动品质。以体力劳动为主，注意手脑并用，强化实践体验，让学生亲历劳动过程，提升育人实效性。这样，通过实践的策略，落实教育与劳动相结合的要求，在实践中对人进行全面培养。

二、劳动体验

（一）校内以校园土地资源为依托，搭建师生劳动平台

我校利用种植实践空地，有效整合，组织师生开垦利用，种植时令蔬菜，既丰富了师生课余生活，又可以享受自己用汗水换来的劳动成果，还可以让学生明白劳动成果"粒粒皆辛苦"，无形中对学生进行了品德教育，为学校办学起到了积极的辅助作用。

（二）学校与校外农业企业联系，建立劳动合作关系

我校与周边企业建立合作关系，让劳动企业的生产基地成为学校的劳动教育场所，收到了良好的劳动教育效果，同时也学到了劳动技能。

（三）以家庭为主阵地

以日常生活基本技能、技巧为主，以劳动辅助教育，促进学生全面发展。开展各种生活技能大赛、生活小窍门比赛等。我校每学周安排一种生活技能比赛，如叠被子比赛、梳头比赛、穿衣服比赛、钉扣子比赛、洗脸刷牙比赛等，收到了意想不到的效果。

（四）鼓励发明创造

开展征集"劳动小窍门""劳动金点子"等发明创造活动，鼓励师生积极参加劳动技术发明。在参加各种各样的劳动实践中，出主意、想办法、勤思考、多动手、多交流、多合作、发挥团体智慧，多鼓励发明创造。以增强学生参加劳动的强烈兴趣，激发学生的劳动情趣，让学生真正体验到劳动的快乐。

劳动教育方法多种多样，生活当中处处有劳动，处处有劳动教育。劳动教育应以促进学生全面发展为目标，力求达到以劳育德、以劳启智、以劳健体、以劳取乐、以劳益美的综合教育效果。

北辰小外贯彻落实《意见》精神，引导学生开展各种形式的劳动教育，注重校内劳动和校外劳动结合，劳动实践和劳动感受结合，劳动意识和劳动习惯结合，让学生在劳动实践中感受劳动的乐趣，在劳动体验中养成劳动习惯，使他们成长为德智体美劳全面发展的社会主义合格的建设者和接班人。

第四节

校本特色活动提升学生综合素质

为深化推进本校特色校本课程的开发、建设与实施，科学落实校本课程建设，学校设计并组织了多种类校本课程活动。所有的活动从设计到产出都是经验与经验的交流，智慧与智慧的碰撞，我们怀抱着期待与忐忑的心情将活动成果落于纸上，以期丰富教学案例，为今后校本特色活动的发展服务。

学校的校本特色活动开发本着"立足学校实际、延伸课程内容、凸显学校特色、开发学生潜能"的原则，就是根据学校的办学特色和办学理念，体现教育特色、管理特色和育人特色。

首先是突出学生这个"本"字，从学生的个性发展需求出发，开发校本特色活动，促进学生的发展。其次是抓住教师这个"本"，即教育已拥有的专业水平和特长技能。最后是强化学校这个"本"，以学校传统特色为突破口，开发利用校本资源。如小学低段校本课《趣味蜡笔画学习的实践探索》，对于新入学的或者年龄较小的学生而言绘画技巧几乎为零，处于勾、涂的时期，蜡笔可以满足学生涂色块、均匀、色彩丰富的特点。学生可以不受时间限制对所想所感进行艺术创作，在创作中来激发画画的乐趣。

小学低段时期的学生正处于对新鲜事物探索、了解、表达的阶段，喜欢把在生活中观察到、联想到的事物在纸上或其他媒介上，利用点、线、面、色彩等方式表现出来，这恰恰与最早的艺术起源、艺术本质相吻合，抓住此时段学生的特性，引导学生大胆、开放的想象和表达是此时段关键、可贵的学习目标。学生通过学习，能够对自己生活中的事物引起观察联想，敢于使用画笔表达、乐于表达，可以从绘画中寻找到快乐、自信，并能长久地坚持下去，培养对美术的持久性兴趣。在绘画过程中，学生可以不断提升自己的绘画技巧，经过一段时间的坚持能够具象地表达事物的基本形状特点，为今后的学习奠定基本的绘画基础。

在绘画教学过程中，尝试使用点、线元素结合蜡笔材料进行创作，绘画题材主要以生活中常见的水果为主，同学们通过观察水果的形状、大小、颜色、花纹，将所画对象的图形特点作为画面的主体物，学生观察、分析、概括主体物上的花纹特点，如西瓜花纹为波浪线，菠萝花纹为方形的点元素等。在主体物以外的背景中，使用常用的点元素进行填充，如五星形、三角形、圆形、心形、实心点、空心点等。经过点、线元素的组合搭配又组成了面的艺术表达形式，学生能初步具备对点、线、面的领会。

有了点、线、面的填充，拓展了画面的语言表达，在此基础上引导学生初步认识物体的体积感。在学习过程中，引导学生观察物体的圆雕效果，并通过简单的阴影、明暗效果体现出物体的体积感。在课程中结合生活中常见的食物、动物等作为画面的主体物，运用颜色的深浅作为表达体积感的主要方式，结合低段学生的学情特点，在探索过程中仅通过明暗（深浅）两部分作为表达的主要内容，可用四字表达"边深里浅"。

在掌握了立体感以后，引导学生初步尝试空间感的表达。在蜡笔画的探

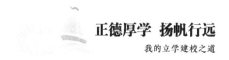

索中，尝试引导学生在主体物以外添加由近及远，由大到小的物体。

　　例如健康教育课堂中，引入神农尝百草的神话故事，激发学生对中国中医药文化的兴趣，之后将准备好的食材（山楂、菊花、姜、大枣、花椒、蜂蜜、海藻、薏米等）逐一展示，带领同学们认识这些食材，知道中药的"酸苦甘（甜）辛（辣）咸"五味。最后，将课程内容与精神文化培育结合起来，激励学生要在今后学习生活中具备古人勇于探索求知的精神，不轻易言败。

第五节
我的学生教育观

所谓学生教育观，是指教育工作者对学生的本质、特征、成长发展过程等每一方面的基本看法。

捧读魏书生的《班主任工作漫谈》一书，如饮醇酒，在享受酒香之余，自然陷入了深沉的思索：思索我们赖以生存的教育，思索我们教育的对象，思索我们教育的方式，思索我们民族教育的未来。

在魏书生老师的著作中，我们没有看到华丽的辞藻，没有看到深奥生僻的专有名词，更没有诸多西方大家的教育理论的引证，我们看到了一个土生土长的中国教育工作者自然、亲切、真诚的面孔，看到了与各式各样被教育者之间的教育和谐。

教育应当面对真实的教育对象，其中包括教育个体和教育群体，任何教育理论都应在教育实践中得到检验和应用，僵硬死板的教育只能换得教育的失败，因为被教育者具有鲜活的生命力，有着较大的性格不确定性和可塑性，并非常用公式那样一成不变，这种复杂的客观情况向我们的教育提出了严峻的挑战。

魏书生老师的教育观念是朴素的，因为它深深植根于中国的教育土壤，有中国教育的特性，没有脱离中国的实际，因而呈现出长久的生命力。面对

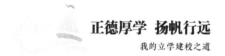

普通学生——老百姓的子弟这一朴素的教育对象，魏书生提出"学生是自身的主人""培养学生的广阔眼界"等教育观念，在培养学生坚持不懈的能力等方面，均表现出为学生着想，以学生发展为主体的教育思想。没有浮夸和粉饰，在广大学生面前展示教育者本人无华的教育内容、教育目的，这就是魏书生式教育具有吸引力、容易被接受和喜爱的重要原因之一。

魏书生老师的教育观念又是智慧的，面对不同的教育对象，无论个体还是群体，都彰显出灵活的方式和成功的魅力。

"值日班长制度""值周班长制度""炉长""鱼长""花长"……这些词语中充满了魏书生老师的教育智慧、教育情趣，归根结底是缘于魏书生对中学教育有由衷而执着的爱，这种爱焕发了他的教育激情。

犯错误，写说明书；犯错误，写心理病历；犯错误，唱歌……这些二十年前甚至更早的教育方式在目前的教育形式下也显示出活力，我们在惊讶之余，不得不钦佩他的教育智慧。因人而异，用聪明的头脑去面对、处理不可预料的教育情势，达到教育者和被教育者都满意的效果实属难得。魏书生老师不达目的不罢休的善意、负责的教育过程让我们受到震撼。

做教育沧海之一粟，做一粟中的"精品"。魏书生老师的教育方法实质上就是一种教育观念。新课程给我们带来了全新的教育理念，作为教师应该不断更新教育观念，用正确的态度对待学生，用发展的眼光看待学生，用全新的教育理念教育学生，以友好的方式和学生相处，从而和学生在新课程下一起成长和进步。只有确立全新的学生观，才能全身心地去热爱学生、理解学生、尊重学生，为有悠久人文文化历史的中华民族培养出一批批能自立于世界民族之林的人。

第八章

乘 风 破 浪
——拼搏追求梦想彼岸

　　幽谷百合默默舒展枝叶终成就吐露芬芳的梦想，山涧溪流潺潺流动终成就汇流入海的梦想。梦想犹如一朵花，唯有用心浇灌付出才能花繁叶茂，梦想犹如一阵风，行动才能延续，静止唯有消亡。只有拼搏才能实现梦想，登上渴望中的高峰。用拼搏成就梦想，需要我们拥有攻坚克难的勇气。清风会遇到山石阻隔，花朵会偏逢久旱无甘露。在拼搏追求梦想彼岸的过程中也会受到各种各样的阻碍，可即使遭遇阻碍，清风也会从缝隙里穿过，即使遭遇干旱，花朵也没有放弃努力扩大根系汲取水分。这份勇气在拼搏追求梦想彼岸的过程中熠熠生光，北辰小外便是如此。

第一节
办优质特色学校

何为学校特色？每一所学校发展的历史总是在新旧交替中不断演变，慢慢地形成了学校独有的文化。这种文化就是特色，是一所学校走向社会满意度较高的名校的必由之路。名校因特色而名，这种特色不是一蹴而就，不是培养几名尖子生，搞几次活动，而是一个漫长的过程。特色学校的形成，规划是基础，落实是关键，积累是过程。

要想办一所优质特色学校"关键在于特色，核心在于文化"。优质特色学校的关键在于"特色"，而"特色"的核心在于"文化"。

一所特色学校，如果没有自己独特之处，就不能称之为特色。文化是学校的育人之本，是特色学校建设的核心，一定要形成学校文化内涵并根植于学校文化。建设特色学校必须认真回答以下三个核心问题：什么是特色学校？为什么要建设特色学校？如何建设特色学校？

一、秉持办学理念，确立校训校风，制定培养目标

办学理念是学校建设发展的灵魂，学校继续秉持天津外国语大学附属外国语学校"融中西文化，育国际英才"的办学理念，融合光华教育集团"创

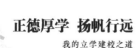
新、执着、共赢"的合作办学精神，确立北辰光华附校的"一训三风"：校训"正德厚学，知行天下"，校风"慎身弘毅，日月惟新"，教风"尊道善问，自树树人"，学风"尚勤敏思，守真致用"。确定德才兼备、外语突出、创新进取、全面发展的具有中国精神、民族底蕴、世界视野的国际型预备人才为培养目标。

二、建立健全管理制度，保障学校工作稳步有效推进

北辰小外根据天津市教育委员会和天津市北辰区教育行政部门的要求，结合天津外国语大学、光华教育集团的各项管理制度和规定，建立学校各方管理制度，确保新建学校工作规范实施，有理论制度和法规的依据。目前分别涉及行政人事管理、教育教学管理、安全保障制度、财务资产管理、后勤保障和环境建设、公关与知识产权等十几个方面。初步完成具有学校特色的《天津市天外大附属北辰光华外国语学校管理制度》，将特色化、人性化、科学化的管理制度付诸教育教学实践。

三、建设"三支队伍"，稳固学校教育教学基础

学校在建章立制的同时，依托北辰区教育局、北辰经济技术开发区、光华教育集团、天津外国语大学及附校的资源，以"三支队伍"的建设为主线，即干部队伍、党员队伍、教师队伍的建设，确立年级组、学科组管理为学校教育教学发展的两翼。同时，学校深化校务公开，形成了"强化管理、突出特色、稳固基础"的管理思路，为学生的终身发展奠基，并努力为提高全校师生的幸福指数而真抓实干。

四、"正德慎身"，形成德育特色，落实育人任务

学校坚持立德树人的教育根本任务，树立大德育观。把社会主义核心价值观教育作为学校教育教学的新常态，坚持社会主义的办学方向，培育国际型预备人才。学校继续深入贯彻落实《中共中央国务院关于进一步加强和改进未成年人思想道德建设的若干意见》《教育部关于培养学生核心素养》文件精神，以德育为首位，结合学生年龄特点，分阶段开展爱国主义教育、感恩教育、行为习惯养成教育，道德与法治教育、安全教育、榜样教育、文明礼仪教育、心理健康教育等方面的公民意识教育，培养学生具有中国精神、民族自信，具备"善美真诚"的品格和良好的行为习惯，以使学生逐渐具备符合国际型人才的基本素质。学校组建家长委员会，定期召开家委会、家长座谈会，举办家长开放日活动，积极拓展教育实践活动，充分发挥家庭、学校、社会"三位一体"教育。同时通过行政部署与学校执行的有机结合，实现德育工作齐抓共管、各负其责、层层落实、形成合力的工作格局。

五、开启教学高质量局面，以特色促进学校稳定发展

坚持学校工作以教学为中心，开足开齐国家课程、地方课程、校本课程，贯彻落实天津市北辰区教育局教学工作重点，遵循"阅读—思考—表达"的课堂教学要求。结合学校实际教学情况，设定"25+10+5"的课堂教学模式，以学生学习发展为本，全面开启高水平教学质量的局面。学校将建立教学评价体系，客观公正评价教育教学工作。

合理设置特色活动，发挥外语教学优势，继续依托"小外"品牌，明确"带动区域内外语教育教学的发展"这一学校所承担的教育教学任务和使命。

外语课堂教学将继续依据外语教学标准，制定小学阶段的外语教学目标。实施小班化教学，以英语为主要课堂教学语言，以浸入式为主要教学方法，落实"听、说、读、写"等基本技能的梯次培养，注重"综合运用语言进行跨文化沟通"能力的培养。发挥特色品牌的教育教学优势，促进学校在保持外语特色前提下的稳定发展。

六、建立组织和机制，促进学校教育教学研究稳步发展

学校结合办学第一年教师聘任情况，坚持依托北辰区教研平台和教学研究载体，开启教学研究的高水平局面。

学校已设立教研组和联合教研组，建立了师徒帮带机制，启动了青年教师拜师活动并付诸实践，引导教师积极参加市区教研和校本教研，聘请天津市教育教学专家学者到学校实地考察指导。督促教师学习教育教学理论和教育新形势，每学年聘请专家进行教育理论讲座或形势报告；每学年帮助教师选定教育理论学习的必读和选读书目，指导教师学习，提高教师理论素养，每年组织一次学习感想交流活动。

学校在建立机制、加强领导、科学培训的同时，精心挑选后备人才参与校本教研培训、外出学习培训，同时积极参与北辰教育局、天津外国语大学及附校、光华教育集团的各类培训，鼓励教师积极撰写教育科研论文、优质反思、优质教案。积极参与课题研究，逐步培养出一批教学水平高、科研能力强的骨干教师和学科带头人，初步形成学科教学特色。

七、发挥全面育人优势，培养学生综合素质和能力

学校从推进素质教育、培养学生德智体美劳综合素质的高度抓好、抓实

体卫艺和社会实践工作，按照天津市现代化学校办学标准配齐体育设施，积极贯彻落实《学校体育工作条例》、全面实施《国家学生体质健康标准》《学校卫生工作条例》和《学校艺术教育条例》，推进"体育、艺术 2+1 项目"以及上级有关文件精神，通过宣传、发动，统一认识，落实体、卫、艺工作的责任，明确体、卫、艺工作的要求，使体、卫、艺工作作为全面推进素质教育的重要内容，强化管理，面向全体学生，以"精品社团"和"校本学科活动"为引领，每学年定期召开学校春秋两季运动会和趣味运动会，逐步开展校园歌唱节、艺术节、科技节、心育节、读书节、健康周等专题活动，使学生体育、艺术、科技创新等方面获得基本能力，为将来在各类赛事中崭露头角做好准备，打好稳固的基础。全面加强党的领导，稳步推进党支部、团支部、少先队、工会工作。

学校时刻与上级党委保持一致，开展各项党支部工作，做好全体党员的思想意识和站位提升，保障与学校教育教学工作同时稳步推进，充分发挥党支部战斗堡垒和党员的模范带头作用；学校教工团支部将与北辰区教育局团委取得联系，开展团员活动；在北辰区教育局德育科指导下，与少工委保持一致，建立少先队、丰富少先队的各项活动。

八、打造平安校园，保障学校各方面工作稳步推进

学校成立安全工作实施小组，校长作为担任第一责任人，落实一岗双责，围绕"以人为本、安全第一，预防为主"的方针，"创建平安校园"的目标，全面贯彻落实各项安全工作的法律法规，深入抓实以道路交通安全、校园活动安全、健康教育、防溺水安全、流感防控和秋季传染病防治为主的安全工

作。树立强化安全责任意识，建立健全长效各岗位安全管理机制，不断夯实安全基础建设，借助课程和活动，拓展安全知识宣传教育面。重点落实遵守《学校安全管理条例》，坚持随时积极排查各类安全隐患并及时清除，确保师生在校安全。加强对教室、功能教室、电路、照明、消毒设备、体育器材、设施的安全监察。学校同时将制定各类安全工作制度和应急预案，与各岗位人员签订安全责任书，对学生进行长期坚持不懈的安全教育。网络安全、后勤安全、消防安全、食品安全、出入校安全、在校活动全过程安全是教育教学保障工作的重中之重。

九、办优质特色学校，扩大社会影响

学校在办学过程中，充分依托天津外国语大学及附校、光华教育集团办学优势、依托北辰地域教育资源，建立体制机制，通过媒体、校园开放日、家长学校、社区共建、社会实践专题活动等形式。开辟的宣传渠道有学校官微和网站、北辰教育官微、北辰经济技术开发区官微、微北辰、天津教育、天津外国语学校校友之家的附校风采、光华教育集团官微，天津家长帮和部分招聘网站。扩大宣传渠道，扩大办学的社会声誉和影响，为带动区域文化的优质发展做出努力。

走特色办学之路，创建特色学校，是当前教育改革发展的必然趋势。百花争艳，是因为园丁辛勤劳作；硕果累累，是因为耕耘者呕心沥血。北辰小外坚持走特色办学之路，发挥外语教学优势，实现了学校内涵式发展，彰显了学校的教育品位，也使学校的教育教学质量得以保障。

第二节
严谨治学的收获

严谨治学是处理教师和教学业务之间相互关系的道德规范。所谓严谨，是指严密细致；治学，是指研究学问。严谨治学这一师德规范包含有广泛而深刻的内涵。如今新课程的实施给我校教师带来了前所未有的压力与挑战，同时出现的校本研修活动也带来了无限的发展空间。但无论时代及职业发展如何变化，作为教育工作者我们恒久坚持且唯一不变的，就是严谨治学的态度。

北辰小外的每一位教师、每一位领导者，都将"严谨治学"作为自己的标准，不断提升教学能力与个人的综合素质，并在追求"严谨治学"的道路上，收获了颇多感悟。每一位教师都深刻意识到，教师要想真正承担起作为思想道德和科学文化传播者的职责，就必须首先提高自己履行这一职责的业务水平，依靠严谨治学的科学态度严格执教。严谨治学要求每一位教师做到四点，还要做到闻到在先，学业精湛，在教育教学过程中求真、求精、求实、求善、求美。

严谨治学是处理教师和教学业务之间相互关系的道德规范。所谓严谨是指严密细致；治学，是指研究学问。严谨治学这一师德规范包含有广泛而深

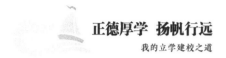

刻的内涵，其中包括树立优良学风，努力钻研业务，不断学习新知识，探索教育教学规律，改进教育教学方法，提高教学和科研水平等，教师要想真正承担起作为思想道德和科学文化传播者的职责，就必须首先提高自己履行这一职责的业务水平，依靠严谨治学的科学态度严格执教。因此严谨治学要求我们每一位教师做到以下几点：

一、好学不倦，努力精通业务

教师要想做好教学工作，首先平时必须勤奋学习，不断地进取，而且要精通自己所从事的业务。当今的教育要面向现代化，面向世界，面向未来，这就对教师提出更高的要求，教师不要满足现状，好学不倦，勤奋刻苦是为人师者应当具备的基本素质，也是教师创造教书育人资格的最基本的条件。要做到好学不倦，就要有志于学，只有志于学才能做到"书山有路勤为径，学海无涯苦作舟"。人生有涯，学而无涯，有志于学才是好学的动力。韩愈说："无贵无贱，无长无少，道之所存，师之所存也。"教师尽管是闻道在先，但终究不可能是尽善尽美的，教师更加需要向学生学习，从中汲取智慧，以谦逊好学的美德，赢得学生的尊敬。

二、把握规律，科学施教

众多优秀教师对教育规律进行了不懈的探索，取得了丰富成果，我们要积极吸纳前人的科学认识，同时在前人的科学认识基础之上还要主动自觉地总结经验，不断提炼自身的新鲜教学经验，如果经验没有自觉提炼的过程，就只能停留在直觉层面，不能应付事物的变化，所以教师应该主动自觉地分析过程，然后通过总结经验，并使之上升到规律性的认识，并将这些规律付诸实践，并且在教育实践活动中验证并不断完善科学知识，以科学的认识去指导教育实践，即在教中学，在学中教，切实做到古人所提倡的教学相长。如果教师缺乏大胆的实践，缺乏自觉地实践利用教育规律，那么就很难做到把握规律、科学施教。

三、严于律己，严格执教

自古以来，人们视"严"为教师的基本职责，而严并不是严厉、严酷，而是严禁、严肃。这是教师严格按照教育职责所要求的知识和能力素养标准，切实提高教师的素质，从而更好地履行教师职责，完成教育任务。"严"并不仅针对学生，教师也应严于律己。教师是学生成长重要的典范，是学生直观的榜样。

教师要严格要求自己，从严治身，用自己的模范品行来教育和影响学生，做学生的表率。教师是人类文明的传播者，没有广博的、全面的知识是不能满足学生的求知欲望的。人们常说"教无止境，学无止境"。教师应好学不倦，博采众长，构建精深宽厚的知识结构，保持一桶水常满常新，以源源不断地供给学生。教师的专门职责是教书育人，把学生培养好。这就要求我们在带领学生攀登知识高峰的路上，必须对每一个学生的人生负责，严格对待，不让一人掉队。当学生出现不良习惯、不良行为时要进行正确引导、耐心教育，做到循循善诱、诲人不倦。

四、不断探索，勇于创新

教师是传播真理，教书育人的职业。这不仅要求教师追求新知，不断进取，而且还要有开拓创新精神。同时将探索和创新变成一种自觉的活动。正

如陶行知所说:"要有魄力,讲科学,敢开拓,勤实践,把教育的奥妙新理论和创造技术一个个的发现出来。"教师的探索和创造需要在科学轨道上合理地进行,而不能为创造而创造,为哗众而出新。否则探索和创造会让教师在教育过程陷入混乱,造成不必要的损失。

做一名教师必须具有创造的能力,作为教育工作者,鼓励学生的创造活动。爱因斯坦说:"学习知识要善于思考,思考,再思考,我们就是靠这个方法成为科学家的。"因此,在对学生的培养中,要珍惜那种充满幻想好奇的童心,充分培养他们的想象力、思考力和创造力,鼓励他们大胆进行想象的能力,给予他们足够的想象空间,不要用死读书的方法去制约学生们的想象力。

人类文明是古老的地球所开放的美丽的花朵,教师是人类文明的传播者,他们的根本职责是把人类千百年创造和积累的科学文化知识和进步思想观念传递给学生,转化为学生的素质。教师作为学生攀登科学高峰的引路人,应有渊博的知识,对科学知识有通彻的理解,才能在教学过程中游刃有余。马克思曾说:"在科学上没有平坦的大道,只有不畏劳苦沿着陡峭山路攀登的人,才有希望达到光辉的顶点。"要提高自身素质,教师就要严谨治学,就要具备好学不倦的精神,就要有不断更新知识,完善知识结构的积极态度和科学精神,做到闻到在先,学业精湛,在教育教学过程中求真、求精、求实、求善、求美。

凡是做学问,都必有一个治学态度的问题。教育工作既包含"教",也包含"学",作为教师要担任好自己的角色,就必须要有严谨治学的态度,刻苦治学,大胆探索,勇于创新,钻研业务,精益求精,提高自身的教学素质,从而为学生树立榜样。

第三节
教学需要研究为先导

　　纵观教育的发展和教师自身的发展，不难发现，教育教学活动必须以教育科研为先导，这是现代教育的一个重要标志，也是开展素质教育的客观要求。从某种意义上说，教育科研一直是学校教育教学改革与发展的不竭动力。北辰小外着力以科学管理提高教育科研成效，从小处入手，克服教育科研的"神秘化"；从发展着眼，克服教育科研的"功利化"；从实际出发，克服教育科研的"简单化"。

　　新时代呼唤一线教师的职业角色深刻地转型：要做教育家，不做教书匠。每位教师都应当有一个科学态度与研究精神，善于在实践中发现问题，并通过教育科研对这些问题做出理性的回答。学校实行教学、科研相长的方略，把科研与教研、师培、教学等学校常规工作统一起来，以教研带动科研，以科研立足教学，教然后知困，研然后知不足。形成教学科研的良性循环，不断提高学科的教育教学质量，突出办学特色。为此，本着"以校为本，以学为本，以研为本"的思想，立足课题研究，强化校本教研，引领教师感受学习的快乐，体味研究的欣喜，进而彰显学校特色。

一、加强领导，造就强有力的教育科研领导班子

实践证明，只有学校领导干部具有较强的科研意识和能力，参与课题研究，才能带领全体教师开展教育科研活动，形成全校范围的教育科研氛围，推动学校教育教学改革一步步深化。因此，学校领导干部是学校教育科研工作的组织者和核心力量。

校长亲自挂帅，分期分批把一批年富力强、有建树的业务骨干充实到领导岗位上来，让他们担任学校领导、努力使教育科研领导班子既是行政领导，又是学科带头人，更好地组织带领教师开展教育科研，克服了"外行管内行"的弊端。现在，各学科坚持标准，优选学科教研组长，切实把教学经验丰富，勇于探索，勤于钻研，在教师中享有威望的学科骨干教师充实到教研组长的队伍中来。

每年年初，我校结合实际和教育改革的方向，创造性地提出学校总体工作思路。在工作思路中，把教育科研工作提到较高层次，全面实现常规扎实、科研引路、内强素质、外树形象、勇于创新、办出特色。

二、统筹安排，加大对教育科研的资金投入

为培养科研型的干部和骨干教师，学校除了实行资金倾斜外，还对其个人进行分级奖励，如课题获奖，即使资金再困难，学校坚持与上级奖励保持一致，而且学校还规定各奖项可兼得。

为教师们编发各种教育信息和介绍重要的理论文章，以及提供各种评奖信息、总结、推介教研教改先进经验等。

为了加快学校教育现代化进程，在时间紧、任务重、资金缺等极其困难的情况下，校领导咬紧牙关，先后投入大量资金，为学校添置现代化教育设备，这些都为教育科研工作的开展奠定了坚实的物质基础。

三、以校为本，健全机制

课题研究是科研工作的重要组成部分，是以校长为第一责任人的教师的在职研究活动。为真正做到以科研为先导，学校从加强管理入手，健全了课题研究机制。

（一）健全组织

成立以校长为第一责任人，科研室、教务处、中层领导、骨干教师共同参与、协同配合的课题研究工作领导小组。校领导要深入年级组、学科组，负责课题研究组开展学科建设和学科管理。每组由骨干教师担任组长，负责组织本组的教研活动。各个课题组的研究工作，要做到责任到人，层层落实，避免教师"孤军作战"的现象，充分发挥管理者和骨干教师的引领作用。

（二）健全制度

为了使科研工作有章可循，制定《教师课题研究自学制度》《培训制度》《反思研讨制度》《课题活动管理制度》《科研课题考评制度》。对教师参加课题研究的情况和取得的成绩，领导小组要认真进行记录和考评，与教师的奖惩、工资挂钩。

（三）完善保障机制

为深入推进科研工作，不断完善科研的保障机制。一是明确课题研究组织机构；二是明确课题研究活动达成目标；三是保证研究时间；四是规划研究活动管理要求、活动设计要求；五是建立科研教改成果奖励办法，对研

有成效的课题组及业绩突出的骨干教师予以表彰嘉奖；六是加大了科研资金的投入，保证对课题研究的经费和各种培训经费。

四、以学为本，加强培训

"学习"已经成为当今社会生活的通行证，也是参与社会竞争和自我发展、自我超越的必备武器。尤其是在校本科研方面，更需要树立终身学习的意识。在实践中学习、反思、研究，不断提高自己的科研专业素养。为此，我校提出了"创建学习型学校"的口号，学校党支部提出"让读书成为习惯""让反思成为动力""让交流成为爱好"的倡议，激发教师学习研究的积极性。

教师的读书活动及教反思活动已是教师借以提高自身素质的一种习惯。特别是中青年教师，读书热情高涨，很多教师记录了大量心得。我们适时召开读书心得交流会和教学反思交流会，特别是举办的教学反思交流会，收到意想不到的效果。交流不仅让全体教师共勉，更是推动教研工作。

（一）理论性学习

观念的更新是教育改革和创新的必然，要想成为有创新精神的教师，必须更新自身的教育教学观念，依靠科研理论引领。学校为教师购买《新课程标准解读》《走进新课程》《校本科研必读》等二十余种的科研书籍和学习资料，为教师学习教育理论提供必需的物质基础。

（二）合作交流学习

学校帮助教师建立合作伙伴，实施青年教师发展学校工程，以老带新，充分发挥年级组、教研组、学科组、课题组的合作学习作用：一是每位骨干教师与三位以上的普通教师结成伙伴；二是富有经验的老教师与2—3名青年教师结成伙伴；三是班主任与一位科任教师结成伙伴；四是每位领导与 2 名以上的一线教师结成伙伴；五是不同学科的教师可以自愿结成伙伴。在平时的课余时间，教师要互相交流教学体会，努力获取有价值的教学经验，形成互帮互助的良好风气。

（三）开放性学习

以科研课题为理论依据，以课堂教学为切入点，实施开放式教学活动。学校结合课题研究实际，开展了开放性的学习活动，每位成员都要上一节学科整合的汇报课，教师们先听课，然后大家在一起交流，取别人所长来补己之短的同时，找出上课者的不足，共同提高。这样，教师们不仅展示了自己的科研成果，也给同事之间交流学习提供了平台。

五、深化课题研究，建教育科研示范基地

学校在掀起科研热潮的同时，注意加强信息技术的研究。为适应学校教育的实际需要，我们要求各教研组组织精干力量，有意识加强对热点问题的研究，使教学与科研有机结合。青年教师更是奋勇当先，努力实践，争取有新的突破。为了促进"科研兴校"，扎实推进素质教育的深入开展，学校申报了市级规划办课题也正在如火如荼地进行中。

六、科研创新结出累累硕果

（一）注重行动研究，提高教师的教学能力

学校教育研究的一种行之有效的方法是行动研究，即为行动而研究、研究行动，在行动中研究。行动研究现已开展近一年的时间，学校要求教师在教学设计时关注教学效率，在课堂上体现教学效率，教后反思，及时调整教

学策略。每间周一次业务学习，以开展不同层面的校本培训；间周一次集体备课以提升教育教学水平；每月以教研组为单位，举办一次集体的教学反思活动作为教研活动的一项内容；每学期举办一次说课大赛；每学期举办一次教学基本功大赛；每学期举办一次教学反思的典型案例研讨；每学期交教育教学案例，并进行展评；每学期上交教育教学论文或科研课题研究的随笔。让教师都有学习研讨的机会，逐步实现由教学者到研究者的角色转变，不断提高教师的教学实践能力。

（二）加强过程管理，取得阶段性成果

课题研究的过程管理是科研工作的主要任务，也是保证课题是否取得预期效果、服务于教育教学、提高教学质量的基本条件。

一是成立科研工作领导小组，建立课题研究的规章制度。课题立项后，课题负责人作为课题组组长，由他负责按课题计划实施课题研究。领导小组成员进行明确分工，着力检查落实是否按预定计划开展研究活动，是否进行阶段性小结、取得预期的阶段性研究成果，课题组成员是否积极参与课题研究的各项活动。二是统一安排课题学术研究活动，相互交流，适时调整工作思路。三是把课题研究和教学活动相结合，进行对外公开课展示活动，及时发现问题，以利于课题组开展研究工作。四是建立科研课题资料库，便于课题资料归类和科研组成员联系检查。

（三）科研室建设又上新高

随着教育教学改革的不断深入，"科研兴校"的意识在逐步增强，确立以校为本的教育科研制度，学校专门设立了科研室，有效地进行科研课题管理。科研室能够体现科研文化。档案资料有专人负责，翔实有序，配备必需的科研资料书籍，配置了现代化办公设备并建立电子档案，保证每项课题单独建档并且按"基础材料、过程材料、成果材料"分类，使用统一档案盒。

工作计划中，实施"一把手工程"，校长把握科研工作的总体方向，副校长兼科研室主任，主抓科研工作，科研主任负责科研工作的具体实施，配备专职科研干事，学校科研室人员的素质配备较高。建立健全了各项科研规章制度，人员职责分工明确。

正确的工作思路，有力的运作措施，科学的研究方法，为教育科研工作注入了新的活力，使各项工作发展始终保持强劲的势头。展望未来，我们豪情满怀，将"砺志有为"，继续加强课题研究，争创科研精品。

科研工作是一条需要长期坚持的教师专业发展之路，北辰小外始终坚持以师为本，结合教师专业发展需求，指导帮助教师，以课题为载体，明确努力方向，丰富工作内容，在成功组建科研梯队的同时，引领全校教师团队向成为"研究型"教师这一目标迈进。

小外，小外 ①

从来没有想过，提笔再次写起，再回想起天津外国语大学附属外国语学校（人们习惯称为"小外"）时，回头看已经十七年不再天天跨进跨出学校那漆得艳红的大门，再回想小外时，第一个念头想到的竟是现在学校的大门是什么颜色呢？

从何说起呢？自己在这里走过了初高中六个年头。每一个新的班级、年级、教师、学校跳过时似乎都有不同的声音重复着："你们现在正是性格、习惯、人生观、价值观形成的年龄。"如今这些声音都在记忆的口袋里被挤在了一起，看看这个，看看那个，自觉得只有小外的声音成了真。这里是成就性格、习惯、人生观、价值观的地方。

1997 年入学小外初中部前，每个学生都被公平告知："你可能会被编入日语班，学日语。"话是听说了，当年脑袋里想的都是："肯定不是我。"直到入学后才发现"啊，那就是我！"为止。1997 年的那二十几个孩子里有我一个。现在我也说不清这二十几个日语班的孩子凑成了怎样一群人，但我可以肯定的是：我们是论"群"数的。

领着我们这"群"学生成长的老师中，初中是班主任日语老师丁学玲，高中是班主任语文老师唐莉。

---

① 本文作者为付梦。

218

　　记得那是高中开学的第一天。当时小外初中部有六个四五十人的大班，日语班是其中的"半个班"。高中只保留了三个大班，日语班还是"半个班"。虽说日语这二十几个学生没有变化，但和日语班拼在一起的另外半个英语班是重组来的。第一天这些半新半旧的同学们坐到一起多少有些腼腆，这时唐老师走了进来，简短的自我介绍后，唐老师的第一个问题是："这班里怎么人比书包少啊？"人确实少。

　　那时候日本动画片灌篮高手正流行，高中的我们也还在看动画片儿。灌篮高手流行到什么程度呢？那会儿男生抱个篮球时的模样比抱着饭盒时都满足，体育教师三五不时就要重复，大家不要在篮球架底下码上砖头踩着去抓篮筐，那不叫灌篮，还危险。高中开学第一天，日语班男生甩下书包，看着班里的氛围怎么也不宜谈笑，就合伙儿去篮球场了。到现在新班主任已经在讲台上站着了，人是明显没回来的，教室里自然比平时更安静了。记得做学生时，我最怕教师做的一件事就是问起"班里情况"。我当时就经常想，要是校长在教师办公室里问个"我不在的时候有人看报纸吗？"，这教师们都说什么啊？不管假想的教师们会怎么作答，反正高中第一天坐在班里没去篮球场的我们是没琢磨出唐老师这问题该怎么接。但是，唐老师没再追问。什么"哪儿去了""都是谁"，什么都没问。

　　等到那群男生终于回来，一个撞着一个地挤在了讲台前时，估摸着五分钟、十分钟已经过去了。唐老师有一会儿没有开口。大家自然都看着她，但也没看出唐老师有"先用教师锐利的眼光震慑你"的意思。最后她只说了句，"你们知道迟到了吧。"拥在讲台前的那一群当然都点头，唐老师又只说了句，"坐回去吧，"就继续其他的话题了。

　　那天放学后，日语班的习惯性聚在一起，一圈人回声壁似地叨咕，"这教

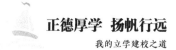

师怎么什么也没说啊？""我们回来前记名字了？""什么也没问？"大家渐渐地明白了。迟到，这事有什么唐老师能说我们还不知道的呢？没有。唐老师也就什么都没说。我们对唐老师的第一印象是，这教师大概只想给我们说我们不知道的事。

唐老师确实说给我们听了许多我们不知道的事。在当时，十六岁的我们还不知道教师的教学方法、教学风格是怎么一回事儿。每次有了新教师，大家确是会在一起念叨一阵，但关于理科教师，我们最多知道怎么说的不过是听得懂听不懂，说起文科教师基本顶多议论个这教师上课管不管说话看闲书就完了。让我们感受到教学是有风格的，是一位代课教师。有一阵唐老师因公不在校，估计是因为其他教师也抽不出时间来持续代课，我们的语文课就从校外专请了一位代课教师。代课教师当时听说是优秀教师，现在还记得第一堂课讲的是《梦游天姥吟留别》。开讲不过十几分钟，大家就被代课教师的热情感染了。"海客谈瀛洲，烟涛微茫信难求。"在代课教师慷慨激昂的解说中，仅开篇这一句就每个字都是妙笔生花。教师在讲台上一卷在手，左右踱步，时刻确定着我们每个同学都在回复着同等热忱的注意力。跟着教师生动万变的肢体语言、抑扬铿锵的语调，我们每一个人确实都睁大了双眼，一刻不停地抄着没多会儿就已经填满的黑板。我现在也还能基本确定，教科书上这篇诗文第一段是印在左页下角儿的。第一节课还没上完我就已经找不到左页还能继续抄的空白，但第一段还没讲几句，不好开始这就占上右页，每个字下面又都已经主谓宾名动副各用教师独特的记号圈圈点点满了，干脆就只能听着，能记住多少记住多少吧。当时每学科基本都是两节45分钟的课隔个课间休息连续在一起，90分钟过去，记得我们在听为什么李白要用"东南倾"——即使具体前后有些出入，至少我觉是无意夸张的。教师离开教室后，我，同桌，我们这一排的，基本都一下子趴在了桌上。后面不知是谁一句"这天姥山到底有多高啊"引出了满屋叹息。我们这才知道还有要鼓足精神，最好先深吸一口气的语文课。但感激这位教师，《梦游天姥吟留别》已是我现在唯一还能背出几句的高中古文了。

唐老师回来后，一如既往地把教科书在讲桌上摊好，我们确定上课前在讲台后摆了一把椅子——唐老师当时上课时站时坐。日语班的几个男生合计好了，今天唐老师要是不坐下来我们就问问她，能不能坐下来。我现在确实已经记不起宝黛初会里宝玉的穿戴是如何描写的了。但我记得唐老师提到的"原应叹息"，提到的"一从二令三人木"。到大学有了可自由支配的时间和钱财后，我买下的第一套书是《脂评本红楼梦》，跟看侦探小说儿似的去循唐老师几句带过的"草蛇灰线，伏延千里"。完全只是个人感受，也深信许多事物只有不同没有上下，但就我觉着：知识本身已经很精彩。不记得唐老师是否费心再去为知识增光添彩过，但确实记得唐老师三五不时指给我们的，我们本不知道的精彩之处。况且，即使现在不再背得出了，古文还是借着高中学下的种种能读通一二的。自己的确也是对自己要求不怎么高，反正自我感觉足够了。

小外的林林总总，真下笔写来倒也觉得好像没什么大事儿，但留下的痕迹，至少自己是珍惜的。当时新教学楼起用，高中换了几次教室，每次虽不定是谁，但总有人揭下黑板上方贴的班训，再贴到新的黑板上方。"厚积薄发，宁静致远"，当时欢腾奔放的我们是想不出这八个字的，自然是唐老师写的。现在还能记得，就已经是不浅的痕迹了吧。

小外，小外。哪天真要问问唐老师，现在学校大门是什么颜色了。

吾师唐莉[①]

前些天，我又与唐莉老师聊了聊天。虽然每次没有太多言语，但在我心里，她就是一位长辈、一位母亲，我们的话题越来越多聊到的是她的身体健康，而唐老师对我提到的则是生活情况。

我的母校是一所不太一样的中学，每届只有几百学生，我 16 岁那时分文理科，绝大部分都分到文科班，只有一个班不到 60 人的理科班。记得当时我所在的理科班上，任课教师都是学校的中坚力量，而唐老师除了当时教务主任的管理工作外，还教我们班的语文课。

唐老师个子不高，但站在讲台上，却带着一股让学生不敢造次的威严，加之她是学校的教务主任，工作风格是严谨又雷厉风行，自然让学生心生敬畏，但我却自告奋勇地做了语文课代表。

少年的我，是一个自忖小聪明甚多的男孩。直到现在，我都容易盲目地相信自己想做的事情就一定能办到。现在我自己回头看，唐老师不仅包容了我的"少年心气"，还看出我有浮躁的毛病，总在我沾沾自喜时精准地"敲打"我，一针见血地给我"泼凉水"。

记得有次语文课上，我和同学交头接耳，"常秀峰，最近有点浮躁！"唐

---

① 本文作者为常秀峰。

老师这句嗓音爽利的话犹在耳畔。只不过，那时的我并不能完全理解，教师那一句提点，并不是当时当刻的一盆冷水，而是让我一生受用的醍醐。

不止我一个人，唐老师对其他学生的评价，无论正面还是侧面，从来都是直言不讳且毫无保留的，她从不轻易放弃任何一个合适的时机。因为她知道，同时面对那么多学生，她作为教师的每一句话、每一句批评、每一句鼓励，对年幼的学生都是日后的宝贵财富。

大学二年级时，母亲出了车祸，躺在床上有大半年时间，可父亲还需要工作，维持一家本已拮据的生活。从来没有担负过任何家庭责任的我，突然切实地体会到了人生无常的变故。那是我人生中遇到的第一个困难。

此后，我再也没遇到像唐老师那样把学生当成孩子看待，而生性又如此质朴纯粹的老师。那年冬天，我回到中学，见到唐莉老师，和她谈了我的近况。

"你是个有韧性的孩子，上中学的时候我就看出来了，"教师想了一下，很平静，看着我说，"生活从来都是有压力的，有韧性的人可以挺过更多的困难。"

教师告诉我她年轻时的一些困难，如何同时抚养年幼的孩子、照顾生病的老人，如何在本就紧张的时间里尽力调节工作和生活的平衡，如何在与我相仿的年龄处理年轻人多多少少都会遇到的困难与压力。

"当时孩子也小，工作忙，家里老人生病"，教师一边和我说话，一边回忆她二十年前的生活，"没办法，夜里抱着孩子，整宿地哭。没办法，过去就好了。"

我看着她平淡地讲述自己的过去，好像一切都发生在昨天。她的昨天好

像是我的今天，她的平静让我也略感平静。只可惜当时的我其实也并没有真的听懂。

大学之后，母亲的身体逐渐好转，关于交通事故的诉讼也告一段落，我准备出国读书，但那时的我，尚未想到异国他乡独自一人的生活将会充满如何的挑战。

在国外的第一年最难熬。那时我的英文水平有限，学习有困难，经济也有压力。南半球的冬天连绵阴雨，一杯刚烧开的热水，在潮湿的空气中，十分钟就冷透了。

我并不想把这些事告诉父母，于是拨通了唐莉老师的电话。我知道，唐老师总能给我在黑暗中点亮照明希望的光。

"坚持就是胜利，老师相信你"，熟悉的声音从电话那边传来，"还是那句话，你是个有韧性的孩子，要相信自己。"

再次回国见到唐老师的时候，她已经是滨海小外的校长了。这所学校离海边很近，我记得当时坐了很久的车去看她，她还是一如既往的干练爽利。唐老师热情地带我转了转新学校，在她的办公室小坐、聊天。仿佛一切还是十年前的样子。

再后来，我又蹉跎了几年的时光。这些年，身边的人来了又去，有些远隔重洋，有些近在咫尺，却无缘再见，但无论何时何地，唐老师的那声提点、那双眼睛与目光、那份信任与慈爱，总在我失意、困顿、迷惘的时候，鼓励着我。

唐莉先生 [①]

我特别喜欢日语中的"先生"这个词。在直呼师长姓名成风的年代，这个标题似乎显得怪异。毛主席在开国之初邀请"国母"上京共商国是的信中称其为"庆龄先生"，这个称呼算是有据可考了。有学识、受尊敬的人被称为"先生"，而唐莉老师显然是有资格享有这个称呼的。

怎样的人受人尊敬？

唐老师约莫40来岁的年纪，略显黝黑的肤色，留着长发。她的卷发蓬松却不凌乱。课堂上，头发偶尔垂落而致不适，这时她总是把头一甩，用一只手把垂落的头发拨到后边，动作娴熟潇洒。

她总是提着一只大塑料袋走进教室，里面装的是教案和试卷一类的东西，还有两三次装的是糖果——徐福记的。每次大家在"大考"中的表现令人满意，她就会践行排名靠前"唐老师请大家吃糖"的承诺。后来我偷偷地想如果考试结果不尽人意，她又当如何呢？

上课结合教学内容，她有时还讲许多有意思的东西：讲"永州之地有异蛇，黑质而白章"中的"而"是表并列关系的；讲"首当其冲"的意思是"最先受到伤害"；讲"老师""老鼠"一类词语中的"老"字并无实际意义；讲

---

① 本文作者为王川，天津外国语大学附属外国语学校2009届高中毕业生。

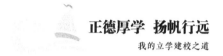

"金毛狮王"这个绰号在修辞学上运用了多种修辞方法；讲人对于过往的追忆往往表现了对当下的不满情绪……最后一次晚自习，她对我们说："大家要珍惜，一会儿下了课，以后再想上晚自习，没了，没这机会了。"

创作是没办法教的，但写作文是有法可循的。她教如何解题，如何入手，如何布局谋篇。她讲字音字形时也讲错过，和大家一起翻查资料，给大家纠正并道歉。她讲小说讲得非常精彩，讲武侠小说，讲《伞》。说到高潮处，她把头发往后一拨，头发散逸在空中，顿时让人觉得侠气逼人。

她讲"见贤思齐焉，见不贤而内自省也"，她办公室写字台玻璃板下果然压着这样一句话的字条。她还有一句话："别结交不好的人，别掺和不好的事。"这句话是她在另一位同学毕业前送给他的，但也被我记下了。

上大学以后，每到放假，我都回学校看望她，聆听她的教诲。

"她是不是你女朋友？"唐老师笑着问我。

一下被戳中心事的我脸上瞬间发起烧来，害羞而甜蜜，像极了儿子向母亲交代恋爱经过："您怎么知道的？"

"从一进门你提了她三次，你看唐老师还行吧！"

"您真厉害……其实临近毕业我压力也越来越大，也不知道未来究竟会怎样……"

"船到桥头自然直！你现在不用过多考虑哪些，告诉她：你王川是潜力股！"她做了一个大拇指向上指的动作："多少年后能升值！咱小伙子没问题，怕什么！"说着她又撩了一下头发，特别自信。

在大学，我习惯了荒废时间和无所事事，习惯了被教师重点照顾："你们哪个是王川？你是？王川啊，注意你的成绩，注意你的学分啊！"可我却是唐老师眼中的"潜力股"。

她跟我谈她工作的变动，问我的想法，原来她已经拿我当大人看待了。

她说她当年坚持了自己的理想，学了中文，当了老师。她对自己当年的选择很满足。我想我知道自己该怎么做了。

"别结交不好的人，别掺和不好的事。"

"你王川是潜力股，多少年后能升值！"

明天还有考试，但还是写了这些毫无章法的文字，唐老师是值得写一写的。在我点点滴滴的深刻记忆和感受中，唐老师经常会出现，每当我犹豫、彷徨的时候更是如此，这或许是我为什么称她为"先生"的理由吧……

"小外"有许多教师都值得这样写一写。

天津市天外大附属北辰光华外国语学校议事决策制度

一、议事原则

（一）坚持民主集中制原则，坚持一切重大事情必须由集体研究，集体决策。做到决策程序化、规范化、民主化和科学化。

（二）坚持实事求是原则，深入实际、调查研究，广泛听取意见，掌握第一手资料，防止和避免决策错误。

（三）坚持少数服从多数的原则，充分发扬民主，凡集体决策决定的，任何人无权改变，行动上不折不扣的执行。

（四）坚持分工负责的原则，加强班子内部的团结协调，班子成员在形成决定后，要充分发挥积极性和创造性，努力完成组织交办的分管工作任务。

二、议事范围

（一）传达党的路线、方针、政策和学校的重要指示，传达上级有关文件精神和重大工作部署，联系学校实际研究贯彻执行的意见。

（二）研究党的建设、干部队伍建设、政治思想建设和精神文明建设等重大事项。

（三）研究干部选拔、培养考核、任免、奖惩及干部调动等有关人事问题。

（四）研究制定党风廉政责任制和有关重大规章制度。

（五）凡涉及重大资金使用、经济交往和重大经济活动，必须经集体研究决定。

（六）凡涉及重大事项必须认真分析、充分酝酿、按程序办理，经班子会集体研究决定。

（七）凡涉及机构改革、机构设置的重大问题必须由集体研究决定。

（八）凡涉及向上级报告工作的重要事项和需要集体研究的其他事项必须集体研究讨论。

（九）其他认为需要讨论研究的事项。

三、议事程序

（一）每星期校长负责召开一次行政办公会或党政联席会议。

（二）班子成员要主动参与集体决策，经认真思考，充分发表自己的意见和建议，表明自己的态度。关键时可采取票决制。

（三）做决定时，由于意见不统一，分歧较大，未能做出决定的，会后要进一步调查、分析、交换意见，再次复议，特殊情况也可向上级报告，请求裁决。

（四）会议要做好记录，并存档。

四、执行要求

（一）会议做出的决定，班子成员必须自觉服从，各负其责，认真抓好

落实，积极完成。

（二）加强组织纪律，严格执行保密规定，会议研究的重要事情，任何人不准泄露，也不能将个人观点、会议情况向外传播，违者要追究责任。

天津市天外大附属北辰光华外国语学校
谈心谈话制度

第一章　总则

第一条　为进一步密切党组织与党员、党员与党员、党员与群众之间的联系，积极营造健康向上、团结奋斗的政治环境，根据《中国共产党章程》《关于党内政治生活的若干准则》和中央、省、市委有关规定，结合学校实际，制定本制度。

第二条　建立并完善定期谈心谈话制度，是发扬党内民主、增进党内团结、推动党的事业健康发展的有效途径和形式，是开展党的群众路线教育实践活动、"三严三实""两学一做"专题教育取得的成功经验，也是落实全面从严治党要求的一项重要任务，对于加强党的自身建设、保持党的先进性纯洁性具有重要意义。

第三条　学校党支部要把定期谈心谈话作为了解党员、关心党员、爱护党员、联系群众的重要手段，开展经常性、多层次的谈话谈心活动，达到沟通思想、扬长抑短、促进工作的目的。

第二章 谈心谈话的范围对象

第四条 党支部成员之间，必须定期开展谈心谈话活动。同时，坚持党内谈心谈话全覆盖，班子成员与党员之间、党员与党员之间、党员与群众之间，也要定期开展谈心谈话活动。

第五条 党员干部中出现以下八种情况时，书记必须及时约谈：（1）工作变动，主要是指按照管理权限，在党员干部离任、退任或岗位职务发生变化、调整情况时必谈；（2）不良反应，主要是指在党员、群众中出现有关党员干部不良反映情况时必谈；（3）履职不力，主要是指履行岗位职责不到位、执行上级部署不坚决、推进各项工作不得力，工作进度滞后、任务完成不理想时必谈；（4）违规违纪，主要是指出现违规违纪行为，被上级通报批评或受到组织处置、纪律处分时必谈；（5）遇挫遇难，主要是指工作中出现重大失误，特别是加强队伍建设、推进重点攻坚任务中遇到困难时必谈；（6）生活困难，主要是指党员干部自身或家庭成员生活遇到困难、发生变故，思想、情绪出现波动时必谈；（7）精神不振，主要是指在工作中精神萎靡、干劲不足、状态不佳、作风不实、组织纪律散漫时必谈；（8）出现矛盾，主要是指在党员干部之间存在矛盾纠纷或重大意见分歧，团结协作可能会受到影响时必谈。

第六条 党支部班子成员和普通党员中出现以下六种情况时，党支部书记必须及时约谈：

（1）先锋作用缺失，在完成组织安排的工作任务、支持配合中心工作等方面不够主动，未起到模范带头、先锋表率作用时必谈；（2）组织观念淡薄，在严守政治纪律、政治规矩和参加组织生活等方面存在问题时必谈；（3）党员意识不强，党员出现参与封建迷信、无理上访、越级上访、集体性事件、打架斗殴、参赌涉赌等情况时必谈；（4）违反规章制度，存在违反党纪国法，社会主义道德，受到批评教育、组织处置、纪律处分时必谈；（5）群众反映较多，党员义务履行不够到位，党员作用不够明显，群众反映比较突出，被评为不合格党员时必谈；（6）思想情绪波动，党员在家庭、工作、生活中遇到具体困难，出现思想波动、情绪低落情况时必谈。

第三章　谈心谈话的主要内容

第七条　谈心谈话要按照"见人见事见思想"的原则，不以一般性沟通代替谈心谈话、不以谈具体性事务代替思想沟通、不以谈自己代替谈对方，敞开心扉、打开心门、摆开事例、说开话语，达到消除隔阂、诫勉提醒、帮助提高的目的，重点突出以下四个方面的内容：

（1）征求意见，谈心谈话时每位党员要毫不隐瞒地亮明自身问题，并虚心诚恳地征求对方对自己的批评意见，多方面听取和分析自己的缺点，有则改之、无则加勉；（2）诫勉提醒，本着对同志负责的态度，真心实意指出对方存在的不足和问题，坦诚地提出意见建议，帮助同志改进提高。尤其是对群众反映较多的党员，党组织书记要出于公心、严肃认真地指出问题，及时地帮助提领子、扯袖子、醒脑子；（3）交流思想，谈话中要深入沟通交流，谈出真实心声，说出真心话语，不拐弯抹角，不遮遮掩掩，尤其是对存在的意见分歧和思想疙瘩，要深入交换意见，反复沟通，消除彼此间的误解和隔阂，增进相互间的理解和感情；（4）了解困难。党组织书记与班子成员、与

中层干部、与党员群众谈心谈话时，要注重了解对方思想、工作、作风、生活等各方面情况，对发现的实际困难主动给予帮助，体现党内关心关爱。

第四章　谈心谈话的方式方法

第八条　谈心谈话采用个别谈话与集体谈话相结合的方法进行，一般采取"一对一、面对面"的方式深入沟通交流，涉及共性谈话问题时，可采取"一对多"的方式，进行集体谈话。

第九条　谈心谈话每学期不少于一次。（班子成员之间的谈心谈话，一般安排在党员领导干部民主生活会前进行。）党支部书记与支委班子成员、与党员群众之间的谈心谈话一般安排在年末党员组织生活会或民主评议党员工作前进行，也可结合"固定党日"活动单独组织开展。

第十条　党组织书记认为必要时可随时找党员干部谈心，主动征求意见和及时了解思想工作情况；对党员干部出现苗头性、倾向性问题时，应及时进行诫勉谈话。党员干部可以主动向有关领导反映情况，汇报思想。党组织班子成员之间、领导干部与普通党员之间、党员与党员之间根据具体情况适时开展谈心谈话。

第十一条　因公出差或流动党员要约定时间、地点进行面谈，对年老体弱、行动不便的党员实行上门约谈。

第五章　谈心谈话的基本原则

第十二条　相互平等原则。党组织书记要放下架子，以平等的心态和人性化的方式与谈心谈话对象进行交流，创造良好谈话气氛，解除彼此思想顾虑，使谈话双方能够敞开思想，推心置腹，坦诚相见，讲出真话，讲出心里话。

第十三条 诚恳诚实原则。谈心谈话者彼此之间要心无芥蒂、开诚布公，敞开思想、坦诚相见，真心实意、推心置腹，虚心接受对方提出的意见和建议。

第十四条 实事求是原则。谈心谈话既要肯定成绩，又要明确指出缺点和不足。对原则问题要分清是非，不能因其工作做出成绩而姑息其错误，也不能因其错误而否定其成绩。

第十五条 突出实效原则。谈话内容要有针对性，力戒空泛。要从实际出发，针对不同谈话对象的不同特点、不同情况，采取不同的方式方法，做到有的放矢，注重实效。

第十六条 教育疏导原则。谈话要善于启发谈话对象自己教育自己。通过谈心谈话重点解决思想上的问题，特别是对于一时思想不通或有抵触情绪的要动之以情，晓之以理，耐心说服教育，帮助提高思想认识。

第十七条 治病救人原则。对犯错误的党员干部，不要轻易下结论，要引导他们认真分析犯错误的原因，剖析其错误的性质、危害，指出改正的办法。重点是提高他们对错误的认识，帮助他们从中吸取教训，改正错误，振作精神，轻装前进。

第十八条 尊重信任原则。谈心谈话一方出于对另一方的信任，将自己不希望让别人知道的一些心理感受、情感秘密谈了出来，另一方必须尊重其对自己的信任，注意为其保密，不要随意将其个人隐私泄露给他人。

第十九条 经常及时原则。要把经常性定期谈话与有针对性的不定期谈话结合起来，发现问题的苗头，应及时告诫、提醒。要善于发现问题，尽量把问题解决在萌芽状态。

天津市天外大附属北辰光华外国语学校
民主评议党员制度

一、民主评议党员是一项党建工作制度。为加强学校党建工作特制定本制度。

二、民主评议党员每年进行一次，一般安排在年末，时间半个月至一个月。

三、评议内容

1.是否具有坚定的共产主义信念。

2.是否坚决贯彻执行党在社会主义初级阶段的基本路线和各项方针政策。

3.是否站在改革前列，维护改革大局，正确处理国家、集体、个人利益之间的关系。做到个人利益服从党和人民利益，局部利益服从整体利益。

4.是否切实地执行党的决议，遵守党的章程，履行党员义务，珍惜党员权利。

5.是否密切联系群众、关心群众疾苦，艰苦奋斗、廉洁奉公，反对腐化奢侈，反对以权谋私；是否模范遵守本校所制定的一切规章制度，是否起到党员先锋模范作用。

四、基本方法

民主评议党员工作，要在领导班子的指导下，以支部为单位有计划有步骤地进行。

1.学习教育。要与形势教育结合起来,对党员普遍进行。在新形势下坚持党员标准的教育。学习内容以《党章》《准则》和党中央、上级党委有关文件为主。

2.自我总结、自我评价。在学习讨论、提高认识的基础上,对照党员标准,围绕评议内容,认真总结个人一年来思想工作学习和作风情况,并在会上汇报。

3.民主评议。一般是召开党小组会或党支部大会,进行民主评议。

4.组织考察。支委会对党内外评议的意见,进行实事求是的分析、综合,形成组织意见,转告本人,并向支部大会报告。

5.表彰和处理。对民主评议的好党员,党支部进行表彰;对评议中揭露的违法乱纪问题,要严肃查处;对经评议认为不合格的党员,要提出妥善的处理意见,并交支部大会表决。同时要做好思想工作,继续发挥他们的先锋模范作用。

五、具体要求

1.每个党员要提高对民主评议党员的思想认识,自觉参加评议工作。

2.认真开展批评和自我批评。

3.支部要认真组织评议,严格掌握标准,提出正确的组织意见,做好妥善的处理工作。要加强思想工作,使评议党员过程成为对党员思想教育的过程,不断提高广大党员的思想素质。

天津市天外大附属北辰光华外国语学校主题党日制度

进一步加强和规范党内政治生活，增强党的组织生活活力，强化党员教育管理，充分发挥基层党组织战斗堡垒作用和共产党员先锋模范作用，特制定本制度。

一、为确保主题党日活动时间，每月第一周星期五开展党支部主题党日活动，如遇节假日或特殊情况，活动时间可顺延，原则上一周内完成。

二、党日活动内容：上党课，召开党组会，支部大会，党小组生活会，党员民主生活会，民主评议党员，举行讲座培养入党积极分子，讨论发展新党员，换届选举，组织志愿服务，谈心交流，走访慰问，开展竞赛活动，讨论制定党日活动年度计划、重大事项决定研究，以及传达学习上级党组织的文件、会议精神等，党员领会精神实质，结合学校的实际，提出贯彻执行的意见和建议。

三、主题党日活动要坚持考勤、记录、考试制度，全体党员必须自觉参加。

四、主题党日活动要做到年度有计划，每月有安排，主题明确。要采取多种形式进行活动，确实提高主题党日活动的吸引力和效果。

五、严格主题党日活动纪律，党员无故三次以上不参加党日活动的，作不合格党员论处。

天津市天外大附属北辰光华外国语学校
党员学习制度

第一条 为提高党员干部的政治理论修养、思想道德素质和业务水平，促进学校党委、各党支部政治、业务学习工作规范化、经常化，特制定本制度。

第二条 党员学习采取以党支部为单位的集体学习和党员个人自学相结合的办法。以党支部为单位的集体学习一般每月不少于一次；党员个人要坚持经常自学。

第三条 党支部组织集体学习的主要内容如下：

（一）马克思列宁主义、毛泽东思想、邓小平理论、"三个代表"重要思想、科学发展观、习近平新时代中国特色社会主义思想，习近平总书记系列重要讲话和治国理政新理念新思想新战略；

（二）党章党规党纪和党的基本知识；

（三）党的路线、方针、政策和决议；

（四）国家法律法规；

（五）社会主义核心价值观；

（六）党的历史、中国历史、世界历史和科学社会主义发展史；

（七）推进中国特色社会主义事业所需要的经济、政治、文化、社会、生态、科技、军事、外交、民族、宗教等方面知识；

（八）改革发展实践中的重点、难点问题；

（九）实际工作中迫切需要的理论和专业知识；

（十）党中央和上级党组织要求学习的其他重要内容。

第四条 党支部的集体学习，要采取灵活多样的方法，如辅导、座谈、边学边议、交流心得等。必要时，还可以根据形势发展的需要，聘请外单位专家讲课，或观看相关专题电教片。

第五条 坚持理论联系实际，注意把政治学习、业务学习与坚定共产主义理想信念、提高职业道德、促进廉洁勤政、推进改革发展的现实结合起来，学以致用。

第六条 各支部要制定党员学习年度计划，突出重点，做到时间、内容、人员三落实，年终要对全年的学习进行总结。

第七条 党支部的集体学习，要建立考勤制度，指定专人记录和考核。全体党员要遵守学习制度，严格学习纪律。

第八条 为保证党员教育活动资料的完整性，各党支部应保存以下材料备查：

（一）党员教育活动签到记录、学习记录；

（二）宣传报道的收集、整理、编发；

（三）上级下发的有关文件、资料的收集、转递、归档记录；

（四）对党员学习情况检查记录。

第九条 党员自学应严格记录自学笔记，各党支部定期对党员自学笔记进行检查。

天津市天外大附属北辰光华外国语学校
教职工师德师风平时考核工作办法

第一章　总　则

第一条　为进一步落实在新形势下从严管理干部教师、加强日常管理和监督的要求，完善考核评价机制，全面客观准确评价教职工的德才表现和工作实绩，促进广大教职工改进工作作风，更好地担当作为、干事创业，依据天津市、北辰区相关文件精神，结合我校实际，制定本办法。

第二条　平时考核是指事业单位（业务）主管部门或单位主要领导（主管领导）对被考核工作人员履行职责等情况的阶段性审核评价，通过对日常工作中的表现进行了解和记录，重点考核工作人员完成日常工作任务、阶段工作目标情况以及出勤情况等。

第三条　平时考核以单位工作人员的岗位职责和所承担的工作任务为依据，坚持客观公正、注重实绩、分级分类、公开民主的原则，实行领导评鉴与教职工自评相结合，定性与定量相结合，按照规定的权限、条件、标准和程序进行。

第四条　本办法适用于全校工作人员。

第五条　按照管理权限，学校负责对各单位平时考核工作进行政策指导、监督检查和考评，发现问题及时要求整改，检查结果纳入我校绩效考核体系。

第二章　平时考核的内容

第六条　平时考核的指标由共性指标和个性指标构成。共性指标一般包括政治品质、职业道德、工作作风、廉洁自律、出勤情况等方面内容。个性指标结合我校绩效考核方案，分为教师岗和非教师岗。

第七条　平时考核围绕德、能、勤、绩、廉五个方面进行。"德"主要考核思想政治素质及个人品德、职业道德、社会公德等内容；"能"主要考核执行能力、学习与调查研究能力、业务能力、沟通协作能力等内容；"勤"主要考核工作积极性、工作认真程度和出勤情况等内容；"绩"主要考核履职成效、工作实绩、工作效率等内容；"廉"主要考核廉洁自律内容。

第三章　平时考核的程序和形式

第八条　学校把平时考核与教职工的日常管理结合起来，可以按照以下程序进行：

（一）设立考核小组。校长唐莉任组长，由本单位管理人员、支部纪检委员、教职工代表组成考核小组，单位人事部门统一组织实施。

（二）制定工作方案。在每年3月底前，将平时考核工作方案，报区教育局备案，方案应包括考核小组成员、考核指标、考核周期、等次设置、考核程序、结果运用等内容。

（三）明确工作任务。学校将考核目标逐项细化分解，转化为教职工平时考核工作指标。工作指标的设定应结合单位和岗位工作特性。在各项工作任务的落实上，要突出目标与成效相结合、过程与结果相结合、阶段性与可持续相结合。

（四）开展纪实评鉴。根据岗位自身工作特点，采取不同方式对日常工作进行记录，切实负起考核责任，把考核作为加强教职工队伍建设的重要工作来抓，看记录、问情况、查进度、督落实，多做思考、去伪存真，掌握真实情况。每学期末，学校主要领导（主管领导）根据被考核人季度个人总结，结合日常工作表现，给出平时考核等次建议。

（五）确定考核等次。考核小组依据本单位平时考核量化评分表（附件3供参考），审议考核等次建议，无异议后提交本单位行政会议研究，确定平时考核等次。

（六）反馈考核结果。单位主要领导（主管领导）应采取谈话或书面形式向被考核人员及时反馈考核结果。

（七）公示考核情况。采取适当形式在一定范围内公示平时考核情况，并作为年度考核的依据。

（八）汇总结果备案。学校办公室负责将教职工平时考核情况汇总备案，并进行归纳整理，研究分析，找出改进日常管理工作的方向和规律。在此基础上，各单位针对问题采取对策、制定措施，推进日常管理工作水平和工作效率的不断提高。

第九条　教职工平时考核按以下四类人员进行，采取不同的考核形式：

（一）单位领导正职：先进行个人自评（填写附件1时，在"个人总结"部分最后注明"自评等次"），再由理事会考核。

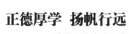
（二）单位领导副职（含主持工作）、中层（区教育局备案）：由单位主要领导（主管领导）提出建议，经考核小组审议、行政会通过后，确定考核等次，重点考核工作协调能力、履职尽责等内容；

（三）一般教职工（非行政人员）：由单位主要领导（主管领导）提出建议，经考核小组审议、行政会通过后，确定考核等次，重点考核师德师风、工作实绩等内容；

（四）工勤人员：由单位主要领导（主管领导）提出建议，经考核小组审议、行政会通过后，确定考核等次，重点考核后勤保障、服务意识等内容。

第四章　平时考核的结果及运用

第十条　平时考核结果分为"好、较好、一般、较差"四个等次。每季度"好"等次人数应控制在参加考核人数的 30% 以内。

第十一条　平时考核每季度进行测评，四个等次对应四项分值，基本标准为：

（一）**好**：量化考核分值在 90 分以上，具体表现为：认真求实，品德素质优秀，积极参加各项培训，主动加强政治理论和业务知识的学习，精通业务，能力强，具有开拓创新意识，工作作风好，工作责任心强，超额完成工作任务，成绩突出效率高、贡献大，未出现差错和失误，忠于职守，出勤率高。

（二）**较好**：量化考核分值在 70—90 分（不含 90 分），具体表现为：能够认真求实，品德素质好，认真参加各项培训并注重政治理论和业务知识的学习，熟悉业务工作，能力较强，工作作风较好，工作责任心强，工作积极，能够完成本职工作及其他工作任务，工作的质量较好、效率较高，未出现差错和失误。

（三）一般：量化考核分值在60—70分（不含70分），具体表现为：态度一般，品德素质一般，能够参加政治理论和业务知识的学习、培训，工作能力一般，工作责任心一般，能基本完成本职工作，完成工作的质量数量不高，出勤率较低。

（四）较差：量化考核分值在60分以下，具体表现为：粗略甚至马虎了事，品德素质较差，不按时参加政治理论和业务知识的学习、培训，工作能力较差、责任心差，不能按时完成工作任务，工作中有明显的差错或失误现象，并造成损失或不良影响及有效投诉情形的，出勤率低。

第十二条　教职工对平时考核确定为"较差"等次不服，可向本单位考核小组提出复核，复核仍有异议的，可向区教育局提出申诉。

第十三条　教职工在试用期内、处分期、待岗期内应参加平时考核，考核结果作为转正定级、解除处分、竞聘上岗的依据。

第十四条　无正当理由不参加平时考核的人员，当年不得参加年度考核。

第十五条　平时考核与年度考核挂钩。年度考核确定为优秀等次的，应当从当年平时考核至少有一次被确定为"好"等次的人员中产生。

教职工在平时考核中有一次被确定为"一般"等次的，年度考核不能确定为优秀等次；有两次被确定为"一般"等次或一次被确定为"较差"等次的，年度考核不能确定为合格及以上等次。

第十六条　平时考核与日常管理挂钩。对考核结果为"好"等次的，应及时予以表扬鼓励；对考核结果为"一般"等次的，应针对履职履责中存在

正德厚学 扬帆行远

我的立学建校之道

的问题，及时提醒，提出整改要求，限期改进工作；对考核结果为"较差"等次的，实行诫勉谈话，限期改正。

第十七条 平时考核与培养使用挂钩。干部教师的职务调整、交流轮岗、教育培训、奖励惩戒等要参考平时考核结果。

第五章　平时考核的纪律

第十八条 全体参加考核人员要提高对平时考核重要性的认识，正确对待自己和他人，客观地、实事求是地反映情况，保证考核工作的严肃性。

第十九条 全体参加考核人员必须严格执行考核程序和考核标准，做到客观公正。

天津市天外大附属北辰光华外国语学校
师德承诺书和师德档案制度实施办法

第一章　总则

第一条　为贯彻落实《中共中央国务院关于全面深化新时代教师队伍建设改革的意见》《中共天津市委天津市人民政府关于全面深化新时代教师队伍建设改革的实施意见》及全国教育大会精神，根据教育部印发的新时代各类学校教师职业行为准则及处理办法和《市委教育工委市教委关于建立天津市教师师德承诺书和师德档案的通知》《天津市北辰区教育局师德承诺书和师德档案制度实施办法》等文件精神，结合学校实际，制定本办法。

第二条　师德师风是评价教师队伍素质的第一标准，实行教师师德承诺，建立教师个人师德档案，是新时代加强和改进教师职业道德建设、规范教师职业行为的迫切要求，是落实教师管理严管厚爱、激励约束相结合原则的具体举措。

第三条　本办法适用于我校全体教职工和学校临时聘用的从事相关工作的人员。

第二章 师德档案的内容及责任主体

第四条 教师师德档案遵循客观公正、实事求是、真实全面的原则，应当如实记载教师的师德表现、不夸大事实，不少记、漏记、瞒记，不得擅自修改、销毁有关内容。

第五条 教师师德档案包括个人基本信息、师德承诺书和师德考核记录，每学年填报一次。其中，个人基本信息和师德承诺书每学年初由教师本人填写、签名。

第六条 师德师风建设和考核工作实行"一把手"负责制，单位党政主要领导是师德师风建设的第一责任人，学校定期召开师德师风建设专题会，分析总结本单位师德师风建设情况，发现问题及时整改。

第三章 师德考核的程序

第七条 师德考核每学年一次，按以下程序进行：

（一）成立领导小组。校长唐莉任组长，成员：王首为、教师代表1人组成。（教职工代表经民主推选产生，人数不得少于领导小组成员总数的40%。）领导小组负责制定本单位师德师风建设与考核工作方案、年度工作计划并组织实施。

（二）开展纪实评价。坚持多主体多元评价，以事实为依据，定性与定量相结合。广泛听取教职工、学生及家长的意见，全面客观评价教师的师德表现。学校要在校门口显著位置设立师德问题举报意见箱，受理师德问题举报，接受社会监督。意见箱、举报电话和邮箱由王首为负责，相关问题定期向学校领导汇报，及时核实处理。

（三）个人事项报告。每学年末，教师填写师德考核记录中的学年度个人师德总结、学年度个人事项报告、学年度师德方面所获奖励情况并签名。

（四）确定考核等次。考核小组根据纪实评价，核实教师个人事项报告，集体研究确定师德考核等次。

（五）反馈结果公示。各单位应采取谈话或书面形式向被考核人员及时反馈考核结果并予以公示（不少于五个工作日），公示结束后，由教师本人签名确认。被考核人对考核结果有异议的，在接到考核结果3个工作日内申请复核，单位考核小组在收到复核申请后，7个工作日内作出复核意见。

（六）整理归档备案。师德考核结束后，及时将本单位考核结果报区教育局备案，教师师德档案、相关佐证材料（师德各类奖励、荣誉、处分、师德问题核实材料等）归档保存。

第四章　师德考核的结果及运用

第八条　师德考核结果分为"合格"或"不合格"两个等次。凡年度内出现违反教师法、教师师德承诺书及教师职业行为准则中有关禁令的教师，无论情节轻重，均应直接评定为"不合格"等次。

第九条　教师年度师德考核结果是教师年度（聘期）考核、绩效考核、教师资格认定与注册、职称职务评审、岗位聘任、进修学访、评优评奖和挂职锻炼的重要依据，教育系统组织开展的各类评先评优、职称晋升、评模表彰、导师遴选、出国深造等均须提交师德档案。

第十条　年度师德考核结果为"不合格"的教师，其当年年度考核、专

业技术职务考核等均直接确定为"不合格"等次，且5年内禁止参与各类评优评先、职称晋升、评模表彰、导师遴选、出国深造等。

第五章　师德档案的建立与管理

第十一条　教师师德档案的建立应学校办公室负责，坚持应建必建，全覆盖原则，一人一档。

第十二条　教师师德档案实行动态管理，各单位应指定专人负责收集、整理相关档案资料，按时做好归档工作，每学年初完成上学年师德档案动态更新。工作单位发生变化的，师德档案随教师一并转移。

第十三条　严格监督检查机制，接受上级单位区每学年对各单位教师师德档案建档、考核和管理工作进行督查检查，发现问题及时整改。

第十四条　对拒绝填报或抽查发现未按规定如实填报有关内容的教职工，取消其评先评优、职务晋升、职称评定、申报人才计划等资格，并按有关规定对教师本人及所在单位予以严肃处理。

第十五条　严格教师师德档案保密管理。教师师德档案的建立和管理，应严格按照《保密法》《档案法》相关规定执行。对违反规定，造成档案丢失、泄密或更换档案资料等问题的，将严格追究当事人和有关领导的责任，情节严重或涉及违法的交由相关部门从重处理。

天津市天外大附属北辰光华外国语学校学生心理危机预警机制

　　心理危机是指个体受到某些强烈刺激依靠自身能力又无法应对时所出现的身体和精神处于崩溃边缘的状态。如出现情绪情感、认知和行为方面的功能失调，比较极端的表现是自杀轻生、他伤等。发生心理危机的个体容易对自身造成极大的身心伤害，同时对危机个体依存的环境也具有潜在的威胁，尤其是日常生活相对集中的学生群体。心理危机导致的对自我及他人的伤害性后果十分突出，会给学生成长及家庭、学校、社会带来较大的损失和影响。

　　心理危机往往具有突发性，但发生前也会出现一些预兆，且与个体心理承受力、心理状态等因素有一定的内在关系，所以心理危机存在可预防性。为及早预防、及时疏导、有效干预、快速控制学生中可能出现的心理危机事件，降低学生心理危机事件的发生率，减少学生因心理危机带来的各种伤害，促进学生健康成长，特制订本机制。

一、指导思想

　　坚决贯彻落实《中华人民共和国未成年人保护法》《中共中央国务院关于加强和改进未成年人思想道德建设的若干意见》以及天津市教委和北辰区教

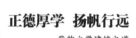
育局相关文件精神，制订我校学生心理危机预警干预方案，力求有效解决影响学生健康成长过程中的突出问题，引导学生珍惜生命、热爱生活、发展自我、远离侵害，预防和减少学生不良心理行为的发生，切实保障学生的健康成长，维护学校、家庭和社会的和谐稳定。

二、基本原则

1.人性化原则。中小学生是正在成长的青少年群体，发展尚未成熟，可塑性强，在预警、干预过程中要坚持以人为本、立足于保护和预防，切实维护中小学生身心发展。

2.预防性原则。建设预警机制的目的在于及时发现和解决问题，预防和减少中小学生心理危机的发生，保障青少年的健康成长。

3.教育性原则。青少年学生在成长过程中会出现各种各样的心理问题，应及时正确引导，帮助他们认识心理危机，矫正不良心理行为。

4.参与性原则。预警干预机制的建设离不开朋辈、学校、家庭和社会各方的共同参与。要坚持以学校为主体，充分发挥学生家庭、社区等各方面的积极作用，共同推进预警干预机制的建立和运行。

5.实效性原则。建立和健全预警机制，确保各项措施的落实，促进心理干预工作的规范化，增强机制运行的有序性和实效性。

三、工作目标

1.建立一个以学校为主体，学校、家庭、社会共同参与，密切配合、分工明确、权责统一，快速、互联、高效的心理预警网络机制。

2.通过心理健康教育及心理危机干预知识宣传、加强学生对心理危机的了解和认知，提高学生承受挫折的能力和情绪调控能力，以使学生在面对危机时能有效应对。

3.通过心理咨询等适时的介入和援助，协助处于危机中的学生把握当下，认识危机事件，尽快恢复心理平衡，顺利度过危机，并学会正确的应付危机的策略与方法，避免或减少学生中出现自伤或伤及他人事件的发生。

4.通过积极创设良好的校园环境，为中小学生成长营造健康氛围，努力提高学生的心理健康水平，优化学生的心理品质，促进每一位学生的健康成长。

四、确定预警干预对象

存在心理危机倾向与处于心理危机状态的学生是我们关注与干预的对象。学生心理危机的发生必须满足下列三个条件：生活中出现了导致心理压力的重大或意外的事件；躯体和意识出现不适感受，又未引起周围人的重视而不能得到及时疏解；遭遇到依靠自身能力无法应付的困境。

上述三种情况同时出现就意味着个体出现了心理危机。心理压力超过个体应对能力、情绪障碍严重或行为失衡的个体，都极易出现有潜在伤害性的危机状态。不同的学生因其个性特点、成长经历和生活状况不同，在面临心理困惑和危机时的表现也各不相同，有明显的个性差异。

1.一般预警类包括：心理因素方面、学习压力方面、家庭生活方面。

心理因素方面：个性较为内向、沉默、喜怒不形于色，心事较重，遇到一些问题不愿或无处向人诉说，或个性过于暴躁，易怒者；个人感情受挫后出现心理或行为异常的学生，如因各种原因导致情绪失控者；人际冲突后出

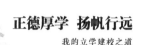

现心理或行为异常的学生，如当众受辱、受惊吓、与同学发生严重人际冲突而被排斥、受歧视的学生，或与教师发生严重人际冲突的学生；在学校和医院门诊心理测试中抑郁倾向较高者、有狂躁倾向及反社会型边缘人格特点者；有心理障碍且出现心理或行为异常的学生，如患有抑郁症、恐怖症、强迫症、癔症、焦虑症等心理障碍的学生。

学习压力方面：由于学习基础和能力差，或者父母期望过高导致学习压力过大而出现心理行为异常的学生，如学习努力但仍然考试不理想的学生；因外地学校新转学、因病住院或休学后复学、各学期开学或结束等阶段出现心理问题的学生；严重厌学、逃学，或有考试综合征及学校恐惧症的学生；因严重网络成瘾行为而影响其学习及社会功能的学生。

家庭生活方面：近期家庭及学校生活中遇到重大生活事件，如家庭中有迁居、父母及亲属出现变故、家庭经济状况改变，因犯规而受批评、人际冲突、遭受失败等；成长经历中有过自虐自伤记录，最近生活中又遇到了一些新的矛盾者；生活、学习中遭遇突然打击而出现心理或行为异常的学生，如家庭发生重大变故（亲人死亡、父母离异、父母下岗、家庭暴力等）、遭遇性危机（性伤害、意外怀孕等）、受到意外刺激（自然灾害、校园暴力、车祸等其他突发事件）的学生等；因经济严重贫困出现心理或行为异常的学生，如性格内向、不善交往且交不起学费的学生、需要经常向亲友借贷且缺乏社会支持系统的学生等。

2. 重点预警类。对近期发出下列警示讯号的学生，应作为心理危机干预的重点对象及时进行危机评估与干预。

在心理健康普查测评中筛查出来的有心理障碍、心理疾病或自杀倾向的学生；由于身边的同学出现个体危机状况而受到影响，产生恐慌、担心、焦虑、困扰的学生，如自杀或他杀者的同宿舍、同班学生等；近期在学校言行和情绪表现有些异常，比如内向的突然变得外向起来，或更加封闭、沉静、沉默，作文或作业中、与他人交谈中常谈到与死相关的话题或表达生活无意义感，外向的突然变得内向，不与人交流，有暗自流泪或与其他人留恋告别的言行等；谈论过自杀并考虑过自杀方法，包括在信件、日记、图画或乱涂乱画的只言片语中流露死亡的念头者；不明原因突然给同学、朋友或家人送礼物、请客、赔礼道歉、述说告别的话等行为明显改变者；情绪突然明显异常者，如特别烦躁，高度焦虑、恐惧易感情冲动，或情绪异常低落，或情绪突然从低落变为平静，或饮食睡眠受到严重影响等。

五、预警干预具体实施

1. 学校心理预警干预机构的层次组成。学校心理危机预警干预包括四级系统。

朋辈一级预警，班级心理联络员和学生宿舍长要主动关心学生的学习和生活情况，发现有危机可能时立即上报班主任。

班级二级预警，以班级为单位，由班主任进行监护。班主任距离学生最近，最了解学生情况，对班内有严重心理问题学生作重点预警，进行力所能及的保护和干预，并及时上报年级组。

年级三级预警，以年级为单位，各年级组、学校德育处领导组成小组进行监护。对所管理范围内学生的整体状况进行把握，调动各种力量给学生以及时的预警干预。把各班级患有抑郁等倾向的学生和有心理障碍的学生及时

上报到学校心理咨询、专业心理辅导机构或学校学生心理危机预警干预工作小组。

学校四级预警，由心理专、兼职教师组成的学校学生心理危机预警干预工作小组，给予心理障碍的学生以科学专业的心理干预，将情况及时上报学校心理健康教育领导小组，并适时向有关医疗机构转介。遇到严重危机事件，应及时向校长汇报，启动应急预案，及时应对危机事件。

2.各级学校心理预警干预机构的职责。

（1）各级心理监护的职责是三个"及时"。即及时发现和掌握学生面临的变化和危机，及时给予力所能及的保护和干预，及时向有关人员汇报情况等。"及时"的含义是发现学生情绪波动或心理异常情况后，要在1小时内向各班主任汇报，即刻采取必要的保护性。初级干预措施，当天初级干预无效，速上报学校学生心理危机预警干预工作小组，或专职心理教师，并制定相关措施实施心理干预。在48小时内校内干预无效的，学生心理危机预警干预工作小组要向学校学生心理危机预警干预领导小组或学校领导及时汇报，与家长联系。校学生心理危机预警干预领导小组或学校领导及时上报教育局学生心理危机预警干预领导小组，联合协商，共同进行心理干预。

（2）各任课教师和班主任要加强对学生自我心理保健和自觉求助的教育，班级心理委员发现处于心理危机状态的同学问题后，应及时报告班主任教师。

（3）学校要加强对家长的心理健康教育宣传，与家长建立联系经常沟通，畅通家校联系渠道。

（4）构成四级体系的学校学生心理危机预警干预系统，并与家庭、学生共同形成对学生在校内的心理保护网络。

3.学校心理预警干预的运行。学校心理危机预警机制的运行分为三个部分。即预防、预警和应急。

（1）预防：强化德育与心理健康教育。第一，进一步加强学校德育和心理健康教育队伍建设。强化以班主任为主体，以德育处、团队干部以及学科教师为骨干的兼职心理健康教育队伍，高度关注留守学生和单亲家庭子女或其他特殊学生的心理健康教育问题。第二，加强心理健康教育。进一步完善心理健康教育网络，每月至少保证一节心理健康教育活动课，同时充实学校心理咨询室组成人员，积极开展针对不同群体学生的团体心理辅导、个别心理咨询及朋辈互助活动，在开学、考试等重要阶段更要加强针对性的指导。第三，努力营造良好的育人环境。进一步加强校园文化建设，营造健康向上的校园文化氛围。提高学生人文素养。学校开展对家庭教育的指导，要通过家长委员会、家长学校、家长接待日、家访等形式，促进学生健康成长。

（2）预警：建好预警监测中心，开展学生心理普测。预警系统是整个心理危机预警干预机制的核心环节和关键所在，要着重做好以下方面工作。

第一，学校应定期定时组织学生进行心理测评，建立心理健康档案。这是开展心理健康教育的一项重要措施，也是更好地开展心理危机预警的必要保证。它可以帮助学生了解自己的身心健康状况，筛选出部分问题较严重学生，在保密的基础上与其班主任联系，作为长期关注和引导对象，并进行心理咨询等干预，防患于未然。

第二，监测信息及学生心理测评由学校心理预警监测中心负责收集并进行评估。学校监测中心要设立并公布预警电话，建立重点监测对象数据库，

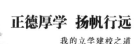
实行重要信息登记、通报制度。班级心理监测处理点要做好预警信息登录，对重点预警对象、重大信息获取及处理结果都要有文字记载，不得漏报、瞒报、误报。

第三，预警信息的发布。在提前获取准确的可能发生不良事件的信息时，学校"心理预警监测中心"应做好评估工作并上报学校领导，根据事件的不良程度与紧急程度下达指令，实施相应级别的预警应急援助方案。

预警的级别分三个级别：

三级"蓝色"预警，主要针对那些需要特别关注的心理问题，其危机程度为"一般"，校心理咨询辅导室可以自行处理。

二级"黄色"预警，主要针对那些有可能演变成危机的心理行为，其危机程度为"较紧急"，学校心理咨询辅导室要在第一时间向学校学生心理健康教育领导小组和校长室报告。

一级"红色"预警，主要针对短期剧烈的心理冲突和失控行为其危机程度为"紧急"，学校要在第一时间上报区教育局相关部门和教育局中小学生心理危机预警干预领导小组，并请求学生心理危机预警干预工作小组协同应急。

（3）应急：掌握心理危机干预四步法。心理危机事件的应急处理是有效保护学生的重要环节。处于心理危机情况的学生最需要的是周围人的支持与理解，一般处理危机情况需要的是：

首先，危机评估。危机评估是进行整个心理危机干预的前提。干预者必须在短时间内通过评估迅速、准确地了解个体的危机情境及其反应。危机评估的内容包括突发事件、个体的生理及心理状态、社会状态和个体采取的应对方式等。另外，评估需要贯穿于心理危机干预的始终。干预者必须通过评估确定心理危机的严重程度和个体的状态，了解个体支持系统的有效性，从而确定有效的应对策略。

其次，制订心理危机干预方案。在评估的基础上制订符合个体生理、心理状况的干预方案。设计干预的技术，以解决目前的危机或防止危机进一步恶化，确定应提供的支持。

再次，实施干预。与处于心理危机状态的个体（简称危机个体）保持密切的接触，建立良好的咨访关系。鼓励危机个体用语言表达内心的感受，指导其进行适当的情绪宣泄，以减轻焦虑可以采用认知干预或者采用系统脱敏等行为主义取向的干预技术，向危机个体提供应对技巧，向其解释其情感反应是对灾难的正常反应，强化焦虑、恐惧等情绪的合理性，不对危机个体做不切实际的保证，强调危机个体自身对其行为和决定所负有的责任，提高其应对效能，帮助其建立积极的应对策略，帮助危机个体调动其社会支持资源，如家庭、朋友、同事、社会组织等。

最后，确定心理危机干预的结果，不断对干预的有效性进行评估。干预者通过观察、交谈以及使用量表等方法对危机个体进行心理及危机评估，以了解干预效果，并及时调整干预方案。

天津市天外大附属北辰光华外国语学校
"倒金字塔型"心理健康人文关怀机制

为及早预防、及时疏导、有效干预、快速控制学生中可能出现的心理危机事件，降低学生心理危机事件的发生率，减少学生因心理危机带来的各种伤害，促进学生健康成长，特制订本机制。

一、指导思想

学校心理健康教育工作坚决贯彻落实《中华人民共和国未成年人保护法》《中共中央国务院关于加强和改进未成年人思想道德建设的若干意见》以及天津市教委和北辰区教育局相关文件精神，力求及早发现并有效解决影响学生健康成长过程中的突出问题，引导学生珍惜生命、热爱生活、发展自我、远离侵害，预防和减少学生不良心理行为的发生，切实保障学生的健康成长，维护学校、家庭和社会的和谐稳定。

二、基本原则

1.人性化原则。学生是正在成长的青少年群体，发展尚未成熟，可塑性强，在人文关怀干预过程中要坚持以人为本、立足于保护和预防，切实维护中小学生身心发展。

2.预防性原则。建设关怀机制的目的在于及时发现和解决问题，预防和减少学生心理危机的发生，保障青少年的健康成长。

3.教育性原则。青少年学生在成长过程中会出现各种各样的心理问题，应及时正确引导，帮助他们认识心理危机，矫正不良心理行为。

4.参与性原则。关怀机制的建设离不开朋辈、学校、家庭和社会各方的共同参与。要坚持以学校为主体，充分发挥学生家庭、社区等各方面的积极作用，共同推进机制的建立和运行。

5.实效性原则。建立、健全并不断完善预警机制，确保各项措施的落实，促进心理干预工作的规范化，增强机制运行的有序性和实效性。

三、工作目标

1.建立一个以学校为主体，学校、家庭、社会共同参与，密切配合、分工明确、权责统一，快速、互联、高效的心理健康人文关怀机制。

2.通过心理健康教育及心理危机干预知识宣传，加强学生对心理危机的了解和认知，提高学生承受挫折的能力和情绪调控能力，以使学生在面对危机时能有效应对。

3.通过心理咨询等适时的介入和援助，协助处于危机中的学生把握当下，认识危机事件，尽快恢复心理平衡，顺利度过危机，并学会正确地应付危机的策略与方法，避免或减少学生中出现自伤或伤及他人事件的发生。

4.通过积极创设良好的校园环境，为学生成长营造健康氛围，努力提高学生的心理健康水平，优化学生的心理品质，促进每一位学生的健康成长。

四、人文关怀对象

对全校所有学生进行心理健康状况调查评估，做到全覆盖不漏一人。从中重点确定可能出现心理危机的学生（包括家庭环境、身体残疾、学业压力等）学生心理危机的发生必须满足下列三个条件：生活中出现了导致心理压力的重大或意外的事件；躯体和意识出现不适感受，又未引起周围人的重视而不能得到及时疏解；遭遇到依靠自身能力无法应付的困境。

上述三种情况同时出现就意味着个体可能出现了心理危机。心理压力超过个体应对能力、情绪障碍严重或行为失衡的个体，都极易出现有潜在伤害性的危机状态。不同的学生因其个性特点、成长经历和生活状况不同，在面临心理困惑和危机时的表现也各不相同，有明显的个性差异。

五、学校心理健康人文关怀机制的运行

学校心理健康人文关怀机制的运行分为三个部分，即预防、普测预警和应急。

1. 预防：强化德育与心理健康教育

第一，进一步加强学校德育和心理健康教育队伍建设。强化以班主任为主体，以德育处、团队干部以及学科教师为骨干的兼职心理健康教育队伍，关注每一名学生的情绪问题、学业问题、家庭情况问题。高度关注留守学生和单亲家庭子女或其他特殊学生的心理健康教育问题。

第二，加强心理健康教育。进一步完善心理健康教育网络，每月至少保证一节心理健康教育活动课，同时充实学校心理咨询室组成人员，积极开展针对不同群体学生的团体心理辅导、个别心理咨询及朋辈互助活动，在开学、

考试等重要阶段更要加强针对性的指导。

第三，努力营造良好的育人环境。进一步加强校园文化建设，营造健康向上的校园文化氛围。提高学生人文素养。学校开展对家庭教育的指导，要通过家长委员会、家长学校、校园开放日、家访等形式，促进学生健康成长。

2.预警：开展学生心理普测

第一，学校应定期定时组织学生进行心理测评，建立心理健康档案。这是开展心理健康教育的一项重要措施，也是更好地开展心理危机预警的必要保证。它可以帮助学生了解自己的身心健康状况，筛选出部分问题较严重学生，在保密的基础上与其班主任联系，作为长期关注和引导对象，并进行心理咨询等干预，防患于未然。

第二，各任课教师和班主任要加强对学生自我心理保健和自觉求助的教育，班级心理委员发现处于心理危机状态的同学问题后，应及时报告班主任教师。

第三，各级心理监护的职责是三个"及时"。即及时发现和掌握学生面临的变化和危机，及时给予力所能及的保护和干预，及时向有关人员汇报情况等。"及时"的含义是，发现学生情绪波动或心理异常情况后，要在1小时内向各班主任汇报，即刻采取必要的保护性。初级干预措施，当天初级干预无效，速上报学校学生心理危机预警干预工作小组，或专职心理教师，并制定相关措施实施心理干预。在48小时内校内干预无效的，学生心理危机预警干预工作小组要向学校学生心理危机预警干预领导小组或学校领导及时汇报，与家长联系。校学生心理危机预警干预领导小组或学校领导及时上报教育局学生心理危机预警干预领导小组，联合协商，共同进行心理干预。

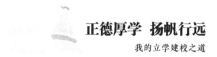

正德厚学 扬帆行远

我的立学建校之道

3. 应急：掌握心理危机干预四步法

心理危机事件的应急处理是有效保护学生的重要环节。处于心理危机情况的学生最需要的是周围人的支持与理解，一般处理危机情况需要的是：首先，危机评估，其次制订心理危机干预方案，再次实施干预。最后确定心理危机干预的结果，不断对干预的有效性进行评估。

注重人文关怀和心理疏导，对于促进健康人格的形成具有积极作用，青少年正处于身心发展的重要时期，学校的人文关怀机制有助于帮助学生养成正确的世界观和价值观，具有十分重要的现实意义。

天津市天外大附属北辰光华外国语学校
心理问题报告制度暨责任追究制度（讨论稿）

深入落实习近平总书记重要讲话精神，进一步落实立德树人的根本任务，坚持五育并举，全员、全程、全方位育人，引导学生尊重生命、热爱生命、促进学生身心和谐健康发展。

一、心理委员报告制度

每个班级和社团分别设立一名心理委员，心理委员要随时掌握本班同学的心理状况，发现同学有明显的心理异常情况要及时向班主任和辅导教师汇报，每月填写一次《班级学生心理健康状况表》上交班主任和心理咨询室。

二、班主任、心理社团负责人心理健康教育报告制度

班主任要通过班级心理委员、心理健康协会成员等及时了解本班学生的心理健康状况，及时向学校汇报本班学生心理健康变化情况，每月填写一次《班级学生心理健康状况表》交年级组和学部，再报心理咨询室。发现有学生心理问题迅速恶化或新发现有严重心理问题的学生，应将该生的情况迅速以电话的形式上报，并在24小时内以书面形式向校心理咨询室报告。

三、学生寝室心理健康教育联络员报告制度

本班每个学生寝室设立一名心理健康教育联络员（建议由寝室长负责），

及时了解学生的心理健康状况，及时向班主任汇报寝室学生心理健康变化情况，每月填写一次《寝室学生心理健康状况表》交辅导员和系心理咨询室。发现问题应迅速以电话的形式上报班主任，班主任在 24 小时内以书面形式向年级组长、学部、心理咨询室报告。

四、年级危机学生干预报告制度

心理咨询教师在工作期间，发现学生存在心理危机，应在 24 小时内将相关信息以书面形式报告给心理健康教育办公室。同时，每月收集各班级、各社团报表后填写一份《学生心理健康状况表》交学校和上级心理健康教育中心。

五、责任追究制度

各部门尤其是参与心理危机干预工作的各部门及其工作人员，应服从指挥，统一行动，认真履行自己的职责。对因自己的失职造成学生伤害事故的，要对部门或个人实行责任追究。具体说来，在下列情况下，要追究部门或个人责任：

1.危机事件处理过程中需要其他部门协助而不服从协调部门指挥的。

2.参与危机干预事故处理的部门，在接到学生心理危机事故报案后，拖延时间，不能及时赶到现场，或在现场不配合、不服从统一指挥而延误时机的。

3.对学生的心理危机不闻不问，或知情不报，故意隐瞒，或不及时上报，或执行学校危机干预方案不力的。

后记

　　全书终了，感慨万千，欣慰与自豪之情油然而生。欣慰所在，北辰小外不负社会各界所托，正以朝气蓬勃的姿态，有条不紊地开展各项工作；自豪所在，尽管学校新建不久，却取得了令人瞩目的成绩。这是大家共同努力拼搏奋斗的结果。可以说，书中字里行间皆是北辰小外人的奋斗与激情。

　　自建校之日起，我的全部心思就都放在学校建设上。我深知作为一名学校领导者，可谓责任重大，学校未来发展如何，很大程度上在于学校的领导者的决策与能力。肩上的担子沉甸甸，警醒着我，也鞭策着我，成为我不断前行的动力。回望过去的几年，既有取得重大突破成果的欢喜，又有遇到挫折时的失意与自责。和各位同事共商学校发展大计的场景，教师们群策群力、提出发展改良意见的场景，孩子们在课堂上积极踊跃、师生互动的场景……每一帧、每一幕，至今历历在目。

　　新建校，大作为。惟其艰难，才更显勇毅；惟其笃行，才弥足珍贵。也正是在"万事开头难"的建设过程中，我意外有了更多感悟与发现。一所学校的建设，有哪些是不可或缺的要素？学校若要长治久安，不断发展进步，又需要什么其他条件？什么样的学校才是可以培育全面发展的学生的学校？……这些问题在心头盘旋，我在实践的过程中不断摸索，寻找着答案，这也是本书创作的初衷。我真诚希望，通过文字的方式，将一些建校的感悟与诸位同仁分享，以期对后来者有所借鉴与帮助。但这并不是我个人的创造与发明，而是全体北辰小外人集体智慧的结晶，没有他们的付出与努力，北辰小外断不会是今日之模样。

《正德厚学 扬帆远航——我的立学建校之道》是大家了解北辰小外的窗口。通过本书，大家对北辰小外会有更全面的认识和了解，而这也是我的美好祝愿之一。

本书得以付梓问世，离不开各位领导的鼓励与大力支持，离不开各位教师的辛勤工作与恳切付出，也离不开社会热心人士的帮助与指点。借此机会，再次向为本书出版做出贡献的各位同仁表示诚挚的谢意。

长风破浪会有时，直挂云帆济沧海。北辰小外一定会砥砺奋进，不断前行；而我也深知任重道远，便定当积极进取，为党和人民交出一份满意的答卷。

2021 年 7 月